法律专家为民说法系列丛书

法律专家
教您如何打劳动官司

吴链链 编著

吉林文史出版社

图书在版编目（CIP）数据

法律专家教您如何打劳动官司 / 吴链链编著. — 长
春：吉林文史出版社，2013.9
（法律专家为民说法系列丛书 / 刘岩主编）
ISBN 978-7-5472-1694-1

Ⅰ．①法… Ⅱ．①吴… Ⅲ．①劳动争议－民事诉讼－
基本知识－中国 Ⅳ．①D922.591

中国版本图书馆 CIP 数据核字(2013)第 222345 号

法律专家教您如何打劳动官司

编　　著	吴链链
责任编辑	李相梅
责任校对	宋茜茜
丛书主编	刘　岩
封面设计	清　风
美术编辑	李丽薇
出版发行	吉林文史出版社(长春市人民大街 4646 号)
	全国新华书店经销
印　　刷	三河市祥宏印务有限公司
开　　本	720mm×1000mm　1/16
印　　张	12
字　　数	100 千字
标准书号	ISBN 978-7-5472-1694-1
版　　次	2015 年 7 月第 1 版
印　　次	2018 年 6 月第 3 次
定　　价	35.00 元

如发现印装质量问题，影响阅读，请与印刷厂联系调换。

法律专家为民说法系列丛书

编委会

主　编

刘　岩

副主编

马宏霞　　孙志彤

编　委

迟　哲	赵　溪	刘　放	郝　义
迟海英	万　菲	秦小佳	王　伟
于秀生	李丽薇	张　萌	胡金明
金　昊	宋英梅	张海洋	韩　丹
刘思研	邢海霞	徐　欣	侯婧文
胡　楠	李春兰	李俊焘	刘　岩
刘　洋	高金凤	蒋琳琳	边德明

PREFACE

【前言】

在市场经济和改革开放的浪潮下，中国的经济出现了质的飞跃。越来越多的劳动者通过与用人单位之间签订劳动合同，将自己的劳动力让渡给用人单位。劳动合同是平等主体之间就双方劳动关系的权利义务，在履行劳动关系过程中作为约束劳动者与用人单位的依据。劳动者通过劳动合同的约束付出劳动，从用人单位那里获得自己想要的报酬待遇，用人单位通过劳动合同，并且通过制定规章制度约束劳动者的劳动行为，在行业内扩大自己的影响力和提高自己的经济效益。

劳动者与用人单位之间的劳动合同不同于一般的民事合同。一般的民事合同是平等主体之间的通过意思表示一致达成的影响双方权利义务的协议。劳动合同有其特殊的性质，劳动关系双方的主体虽然在法律意义上是平等的，但是现实生活中，两者却存在着管理与被管理的关系，服从与被服从的关系,很难做到真正意义上的平等。

而且,劳动者与用人单位各自追求的利益不同、各自所处的经济地位的不同,在履行劳动关系这一过程中,会有许多劳资纠纷。例如,用人单位往往以追求自己的经济利益最大化为目标。劳动者以追求自己的劳动价值为目标。两者在某种程度上是有矛盾关系的。可想而知,劳资关系的矛盾是随着各自在追求自己利益的同时潜移默化中产生的,也就是说在经济发展过程中是不可避免的。

现在随着经济建设的加快,越来越多的农村劳动力向城市涌入,在加快经济建设的步伐和人民法治意识越来越强烈的情况下,出现了劳动者与用人单位之间的劳资纠纷也逐渐加多。

本书为弱势的劳动者提供法律上的建议和支持。以百姓生活息息相关的事例为出发点,将大量的法律概念、法律原理通过案例分析表现出来。让读者在不知不觉中学到法律知识。每个案例都是笔者精心挑选的,具有一定的代表力。通过"案例""专家解析""专家支招"这三个方面详细清楚地展现给读者,通过通俗易懂的语言,根据最新的劳动法领域的法律法规深入浅出地解说法律问题。希望读者通过阅读此书,可以增强自己的法律意识,在遇到与用人单位之间的劳资纠纷时,有一个可以借鉴和帮助的法律意见。用人单位也可以通过阅读此书,增强自己的法律意识,在今后的用工过程中尽量做到合理、合法,最终可以达到双赢的目的,为构建社会主义和谐社会贡献自己的一份力量。

目录
CONTENTS

1.用人单位可以扣押劳动者身份证或其他证件吗？

案例：

小王从某大学财务专业毕业后，就应聘进入一家进出口公司做财务管理工作，岗位是会计。单位为防止小王从事第二职业，就扣押小王的注册会计师证。请问，此案例中单位的做法合法吗？小王可以通过什么途径来维护自己的合法权益呢？

专家解析：

根据《劳动合同法》第九条规定，用人单位招用劳动者，不得扣押劳动者的居民身份证和其他证件。其他证件包括学历证书、毕业证书、职业资格证书等。因此，此案例中单位扣押小王的注册会计师证是违反了劳动合同法的相关规定。实践中，用人单位为了达到掌控劳动者的目的，经常会扣押劳动者的户口、暂住证、资格证等。

专家支招：

小王可以与单位协商要求返还注册会计师证，如果协商不成，小王可以请求劳动行政部门责令限期退还证件，劳动行政部门可以按照有关法律规定给予单位处罚。

2.用人单位可以要求劳动者提供担保吗?

案例:

同案例 1,因为小王的岗位是会计,出于其特殊性,单位还要求其提供财务上的担保,请问,单位这样做法合法吗?

专家解析:

根据《劳动合同法》第九条规定,用人单位招用劳动者,不得要求劳动者提供担保或者以其他名义向劳动者收取财物。实践中,用人单位让劳动者提供担保或者收取财物,有两种目的:(1)为便于管理,防止劳动者随意解除劳动合同,降低用人单位的用工风险;(2)为防止劳动者在工作中给用人单位造成损失,不赔偿就辞职。这里的担保区别于民法意义上的担保,民法意义上的担保是债权人为确保债务得到清偿,而在债务人或第三人的特定物或权力上设定担保,以期达到实现自己债权的目的。有些用人单位变相向劳动者收取担保,如收取服装费、电脑费、住宿费、培训费、集资款等,这些都是违反劳动合同法的规定。

专家支招:

劳动者遇到用人单位向自己索要担保或者要求提供财务,首先可以拒绝。如果已经被收取了,可以要求用人单位归还。如果用人单位不肯归还,那只好求助于劳动行政部门,由劳动行政部门出面,责令限期退还劳动者本人,并且以每人五百元以上二千元以下的标准处以罚款。

给劳动者造成损害的,用人单位还应当承担赔偿责任。劳动者依法解除或者终止劳动合同的,用人单位应该归还劳动者的档案或其他物品。

3.劳动者可以要求签订书面劳动合同吗?

案例:

小丁是2006年9月2日进入某公司,到2010年9月30离开,这期间一直未签订劳动合同,而且到2010年10月25日还没有支付工作期间(2010年8月和9月)的劳动工资。请问,小丁可以要求未签订合同期间的11个月的双倍工资的差额和工作期间未结清的工资吗?

专家解析:

劳动合同是劳动者与用人单位确立劳动关系、明确双方权利义务的协议。双方对用人单位、劳动者基本信息、劳动合同期限、工作内容和工作地点、工作时间和休息休假、劳动报酬、社会保险、劳动保护、劳动条件和职业危害防护等在劳动合同中进行约定。根据《劳动合同法》第十条规定:建立劳动关系,应当订立书面劳动合同。已建立劳动关系,未同时订立书面劳动合同的,应当自用工之日起一个月内签订书面劳动合同。用人单位与劳动者在用工前订立劳动合同的,劳动关系自用工之日起建立。

本案中,小丁与某公司的劳动关系,自2006年9月2日就开始建立,公司应在2006年10月2日前跟小丁签订书面的劳动合同。可是直到2010年9月30日离职,公司一直未签订劳动合同。这明显违法了劳动合同法的相关规定。

专家支招：

劳动者应该加强自己的法律意识,进入公司后,应该要求与用人单位签订书面的劳动合同,像案例中的小丁可以根据《劳动合同法》的第八十二条规定,向用人单位主张 11 个月的双倍工资。支付工资是用人单位的法定义务, 案例中的小丁可以向用人单位主张 2010 年 8 月和 9 月的未结清的工资,还可以依法向公司主张经济补偿金。

4.劳动者在何种情况下可以要求签订无固定限期劳动合同?

案例：

李先生 2007 年 4 月进入某地某公司工作, 担任市场部经理一职,先后和公司订立了两次两年期限的劳动合同,直至 2011 年 3 月底。

2011 年初,李先生的老婆——在某外资公司任人事经理的吴小姐告知他,一年后公司将有空缺职位可供李先生接任。2011 年 3 月底,李先生的劳动合同到期前,公司提出与李先生订立无固定期限劳动合同,但李先生因想跳槽至老婆所在的外资公司, 故不答应与公司订立无固定期限劳动合同,按照李先生的意思,最终公司与他续订了一年期限的劳动合同。

然而,天有不测风云。2012 年 3 月,因金融危机影响,其老婆所在的外资公司不再招聘新员工,李先生所在公司也决定在李先生的劳动合同到期后终止双方的劳动关系。李先生找到公司领导,表示公司应当与其签订无固定期限劳动合同。公司认为,李先生在 2011 年 3 月续签劳动合同时符合订立无固定期限劳动合同的条件, 但是其选择签订固定期限劳动合同,而不是无固定期限劳动合同。因此,在此固定期限劳动合同到期后,公司有权利终止劳动合同。李先生不服,诉至所在地的劳动争议仲裁委员会,要求公司与其订立无固定期限劳动合同。请问,李先生的仲裁请求能得到当地劳动争议仲裁委员会的支持吗?劳动者在何种情况下可以要求用人单位与自己签订无固定期限的劳动合同呢?

专家解析:

《劳动合同法》规定:劳动合同分为固定期限劳动合同、无固定期限劳动合同和以完成一定工作任务为期限的劳动合同。固定期限劳动合同,是指用人单位与劳动者约定合同终止时间的劳动合同。如劳动合同中约定:甲方(劳动者)与乙方(用人单位)之间的劳动合同从 2008 年 7 月 1 日起至 2010 年 6 月 30 日止。无固定期限劳动合同,是指用人单位与劳动者约定无确定终止时间的劳动合同。如在劳动者与用人单位之间的劳动合同中约定:本合同为无固定期限的劳动合同,本合同于 2008 年 9 月 1 日起生效,其中试用期为 1 个月。它就不会在劳动合同中明确约定终止劳动合同的时间期限了。以完成一定工作任务为期限的劳动合同,是指用人单位与劳动者约定以某项工作的完成为合同期限的劳动合同。这类劳动合同是指用人单位与劳动者约定以某项工作的完成为合同期限的劳动合同。该种劳动合同是以某一项工作开始之日,作为其期限起算之日,以劳动者完成该项工作之日,作为其期限终止之日。因此,存在变更、解除、中止(双方协议暂停履行)或终止,但不存在续签问题。比如房屋拆迁、某小区的垃圾清运或者一些临时性、季节性的事情,都可以以完成一定工作为劳动期限的劳动合同的形式出现。

签订无固定期限的劳动合同,对于劳动者与用人单位两个主体来说,具有什么优势呢?首先,对于劳动者来说,他可以在一个公司或者单位长期的工作,可以保持相对稳定的工作状态,有利于长期专研自己的工作领域，变得更加专业化。这样的劳动合同比较适合于工作保密性强、技术性要求较高的岗位。其次，对于用人单位来说，可以减少人员的变动、维护自身的经济利益，减少关键岗位的人员频繁换动工作岗位而带来的损失。最后，长远来看，可以维护国家经济的稳定。

本案例中，李先生已经与某地某公司签了三次固定期限劳动合同，他的仲裁诉求可以得到劳动仲裁委员会的认可。

专家支招：

劳动者要求与用人单位签订无固定期限的劳动合同，可以有两种手段。首先，当然是与用人单位协商，与其签订无固定期限的劳动合同，因为劳动合同也是合同的一种特殊形式，也是秉承着"意思自治"的合同原则进行签订，劳动者与用人单位通过协商一致，当然可以签订无固定期限的劳动合同。只要用人单位与劳动者遵循平等自愿、协商一致的原则，没有采取胁迫、欺诈、隐瞒事实等非法手段，符合法律的有关规定，就可以订立无固定期限劳动合同。

其次，在满足一定《劳动合同法》规定的条件下，劳动者可以要求与用人单位之间就彼此的劳动合同中的权利义务以无固定期限劳动合同的形式确定下来。这就是《劳动合同法》保障弱势劳动者的重要体现之一。

《劳动合同法》中对于用人单位应当与劳动者签订无固定期限的劳动合同规定了三种形式：

A.劳动者已在该用人单位连续工作满 10 年的。

B.用人单位初次实行劳动合同制度或者国有企业改制重新订立劳动合同，劳动者在该用人单位连续工作满 10 年且距法定退休年龄不足 10 年的。

C.连续订立二次固定期限劳动合同，且劳动者没有劳动合同法第三十九条和第四十条第一项、第二项规定的情形,续订劳动合同的。

用人单位自用工之日起满一年不与劳动者订立书面劳动合同的,视为用人单位与劳动者已经订立无固定期限劳动合同。

第一种情况:劳动者与用人单位订立无固定期限劳动合同,必须在同一个单位连续不间断的工作达到10年。这是第一种情形的最基本的内容。如劳动者在一个单位工作了6年,之后又去别的单位工作3年,后来又回到原来的单位工作4年,虽然在这个单位加起来工作已近达到了十年,但由于其中间还去别的单位上过班,就不能算是《劳动合同法》第十四条中规定的第一种情形,就不能算是已经在同一个单位连续工作满十年,此时,如劳动者要求与用人单位订立无固定期限的劳动合同时,用人单位是可以拒绝的。

第二种情况:用人单位初次实行劳动合同制度或者国有企业改制重新订立劳动合同时,劳动者在该用人单位连续工作满10年且距法定退休年龄不足10年的。

劳动合同是明确劳动者与用人单位之间权利义务关系的协议。我国的劳动用工制度是在1986年10月1日起在国有企业新招收员工中普遍推行的一种新制度。随着中国《劳动合同法》法律的普遍实施,这项新制度也在各类企业中进行了实施,那么,在劳动合同制度推行之前,有些员工已经在各类国有企业中工作了很长时间,或者在国企改制时,重新订立劳动合同的时候,如果该劳动者在用人单位已经工作了满10年的时间,且距离法定退休年龄不足10年的,用人单位就应该与该劳动者订立无固定期限的劳动合同。这主要也是为了保护那些给国家和企业作出过很多贡献的老职工的合法利益。主要注意的是,这里还有一定的限制条件,即该劳动者距离退休的年龄不足10年的,如果该劳动者在用人单位已经工作满10年,但距离退休年龄超过10年的,那就不是这里所说的第二种情况了,也就无权要求用人单位与其签订无固定期限的劳动合同了。

第三种情况:首先需要明确的是,这种情况有两个条件必须同时满足,才可以适用该条规定,劳动者要求与用人单位订立无固定期限的劳动合同。

首先,劳动者与用人单位必须已经连续订立两次固定期限的劳动合同。如本案例中的李先生与其单位已经连续两次订立了固定期限的劳动合同,那么如果没有劳动合同法第三十九条和第四十条第一项第二项规定的情况的,就有权要求与用人单位签订无固定期限的劳动合同,他的单位也不能以第三次是订立了固定期限的劳动合同来拒绝李先生的合法要求。

其次,我们需要明确的是《劳动合同法》中第三十九条和第四十条第一项、第二项规定的内容。他们都是在满足一定条件下,用人单位可以单方解除劳动合同的情况。其中第三十九条的规定如下:劳动者有下列情况之一的,用人单位可以解除劳动合同:

(一)在试用期间被证明不符合录用条件的;

(二)严重违反用人单位的规章制度的;

(三)严重失职、徇私舞弊,给用人单位造成重大损害的;

(四)劳动者同时与其他用人单位建立劳动关系,对完成本单位的工作任务造成严重影响的,或者经用人单位提出,拒不改正的;

(五)因本法规定的第二十六条第一款第一项规定的情形致使劳动合同无效的;这里指劳动者以欺诈、胁迫的手段或者乘人之危,使对方在违背真实意思表示的情况下,订立或者变更劳动合同的。

(六)被依法追究刑事责任的。

第四十条第一项和第二项分别规定,劳动者患病或者因工负伤,在规定的医疗期满后不能从事原工作,也不能从事由用人单位另行安排的工作的,劳动者不能胜任工作,经过培训或者调整工作岗位,仍不能胜任工作的，用人单位可以提前三十日以书面形式通知劳动者本人或者额外支付劳动者一个月的工资后，可以单方解除劳动合同。

没有符合这些情况，劳动者就可以要求与用人单位签订无固定期限的劳动合同了。

5.什么是集体合同？

❋　❋　❋

案例：

2010 年 5 月 7 日，某地某服装公司工会代表全体职工与公司签订了集体合同。合同规定：职工工作时间为每日 8 小时，每周 40 小时，周六、周日为公休日。如果在周六、周日安排职工加班，便在加班后的一周内安排补休；在上午和下午连续工作 4 个小时期内安排工间操各一次，每次时间为 20 分钟，此 20 分钟计入工作时间之内；职工的工资报酬不低于每月 3000 元，加班加点的工资及其他实物性福利不包括在内；工资于每月 5 日前支付；合同的有效期为自 2010 年 5 月 7 日至 2011 年 5 月 7 日，双方对于集体合同都要严格遵守，任何一方也不能违反，否则要赔偿对方所造成的损失。此合同于 2010 年 5 月 20 日被劳动行政部门确认。

2010 年 8 月 1 日，服装公司从当地人才市场上招聘了一批女工，去充实新建立的一个服装分公司。2010 年 8 月 3 日服装公司与这批女工签订了劳动合同。其内容包括：本合同有效期为 1 年，自 2010 年 8 月 5 日至 2011 年 8 月 5 日；工人工作时间为每周 40 小时，每天 8 个小时，上下午各 4 个小时；没有工间休息时间；工作实行每月 3500 元的工资制度。双方签字盖章后合同生效。

当 2010 年 8 月 1 日招聘的工人到服装公司下属的服装分公司上班后,发现车间细尘很多,连续工作 4 小时头昏脑涨,以吴某为首的分厂职工就向分厂领导提出工作期间休息一会儿,换换空气。分厂领导答复,在上班时间不休息是劳动合同中已经规定了的,集体合同中规定职工报酬是每月 3000 元,你们的报酬是每月 3500 元,就是因为取消了 20 分钟的中间休息时间。集体合同中规定职工的中间休息 20 分钟是与其报酬数量少相对应的;在公司与你们签订的劳动合同中把工资提高到每月 3500 元,所以,取消了 20 分钟的工间休息。

请问:(1)吴某某等人在集体合同生效后进入某服装公司的,公司的集体合同是否适用于吴某某等人?

(2)吴某某等人与某服装公司约定的劳动合同的工作时间的内容低于集体合同的标准,该内容是否有效?

(3)吴某某等人能否在不减少工资的情况下得到 20 分中工间操的活动时间?

专家解析:

(1)吴某某等人在集体合同生效后进入某服装公司的,公司的集体合同是否适用于吴某某等人:本案仲裁过程中,某服装公司认为服装公司工会与公司签订集体合同中,服装公司还没有设立分厂,因此集体合同只对公司总部的职工有效,分厂职工不应适用集体合同,这种说法是不符合劳动法的规定的。

集体合同是工会或劳动者代表与用人单位或用人单位团体之间签订的以改进劳动组织、改善劳动条件和生活条件、协调劳动关系为主要内容的协议。这种协议要对当事人双方在劳动过程中的权利和义务等劳动关系的有关方面作出规定,既是对各项劳动立法的具体落实,又是调节和处理企业内部劳动关系的具体规范。

依法签订的集体合同对企业和企业的全体职工都有约束力。只要属于企业的职工，不管其是在集体合同签订前还是在集体合同签订后进入用人单位处工作的，均应适用集体合同约定的劳动条件和劳动报酬等的保护。本案中，虽然田某等人是在集体合同签订后被公司招用的，仍应适用集体合同，同时，虽然吴某等人是在服装分厂上班工作，但仍属于服装公司的职工，因此应适用集体合同。

值得注意的是，集体合同的法律效力一直保持在集体合同的约定期限之内，即在集体合同签订时双方约定的合同期限之内，当事人均不得违背合同的规定。集体合同期满以后，如果双方同意延长合同的有效期限，则集体合同继续具有法律效力。

在集体合同有效期限内，如企业行政或工会组织要求变更集体合同的内容，或者提出解除集体合同的请求，应当由双方进行协商，在取得一致意见的情况下修改集体合同的条款或者终止集体合同的执行。因为集体合同是企业和工会组织双方共同签订的协议，任何一方都无权任意修改或者废止合同。

（2）本案中，集体合同中约定服装公司应给予职工每天两次20分钟的工间操，但服装公司与吴某某等人的劳动合同是否可以以提高工资为由而取消该20分钟的工间休息？这涉及到集体合同对于劳动合同的效力问题。

集体合同和劳动合同作为劳动法中的两种合同形式，既存在着联系也有着明显的区别。从历史角度看，集体合同是在劳动合同的基础上产生和发展起来的，它是对劳动合同不足的补充。从现实程序看，也只有在劳动合同确立了用人单位与劳动者之间的劳动法律关系之后，才会进一步签订集体协议。

根据《劳动法》第三十五条的规定，集体合同对本企业具有约束力。

劳动合同当事人一方是企业，另一方作为劳动者中的一员，必须遵守并履行集体合同，集体合同中有的约定在劳动合同中未涉及的，这些内容对劳动者和企业同样具有约束力，要按集体合同的规定执行。另外，劳动合同中劳动条件和劳动标准不得低于集体合同的规定，否则认为无效，总之集体合同的法律效力高于劳动合同，劳动合同不得违反集体合同。

（3）本案中，吴某等人与服装公司签订的劳动合同中关于工间休息的规定低于集体合同中劳动条件的标准，因而无效。劳动仲裁委员会裁决服装公司应按照集体合同的规定给予吴某等工人20分钟的工间休息时间无疑是正确的。

值得注意的是，集体合同对劳动合同的效力体现在劳动劳动条件和劳动报酬等标准不得低于集体合同的规定，但劳动合同中可以约定高于集体合同规定的劳动条件报酬等标准。本案中，服装公司与吴某约定的劳动报酬高于集体合同的规定，仍是有效的。

专家支招：

集体合同与劳动合同最大的区别就是签订主体的不同，集体合同的签订主体是工会与用人单位签订的以劳动条件为中心内容的书面集体协议。它不规定劳动者个人的劳动条件，而规定劳动者的集体劳动条件，一般适用于企业行政（或企业主）和全体工人、职员，也有的适用于企业行政（或企业主）和参加签订集体合同的工会成员。

《劳动合同法》第五十一条规定：企业职工一方与用人单位通过平等协商，可以就劳动报酬、工作时间、休息休假、劳动安全卫生、保险福利等事项订立集体合同。集体合同草案应当提交职工代表大会或者全体职工讨论通过。

集体合同由工会代表企业职工一方与用人单位订立，尚未建立工会的用人单位，由上级工会指导劳动者推荐的代表与用人单位订立。

第五十二条规定：企业职工一方与用人单位可以订立劳动安全卫生、女职工权益保护、工资调整机制等专项集体合同。

第五十三条规定：在县级以下区域内，建筑业、采矿业、餐饮服务业等行业可以由工会与企业代表方面订立集体性合同或者订立区域性集体合同。

第五十四条规定：集体合同订立后，应当报送劳动行政部门；劳动行政部门自收到集体合同文本之日起十五日内未提出异议的，集体合同即行生效。

依法订立的集体合同对用人单位和劳动者具有约束力。行业性、区域性集体合同对当地本行业、本区域的用人单位和劳动者具有约束力。

第五十五条规定：集体合同中劳动报酬和劳动条件等标准不得低于当地人民政府规定的最低标准；用人单位与劳动者订立的劳动合同中劳动报酬和劳动条件等标准不得低于集体合同规定的标准。

第五十六条规定：用人单位违反集体合同，侵犯劳动者权益的，工会可以依法要求用人单位承担责任；因履行集体合同发生争议，经协商解决不成的，工会可以依法申请仲裁、提起诉讼。

6.试用期能约定两次吗？

案例：

大专毕业后，李某某一直没有找到合适的工作，一个偶然的机会，她看到某地某化妆品销售公司招聘销售代理人员，便带着自己的简历到该企业人事部门应征。性格开朗的她顺利通过了面试，人事部门责任人决定录用李某某为销售代理。第二天,李某某就与单位签订了三年期的劳动合同。合同中约定李某某的工资为每月底薪 1000 元加销售提成若干,同时约定试用期为三个月。试用期工资为底薪工资的 60%加销售提成。李某某签完合同后开始了化妆品销售代理的工作。由于她性格良好,又肯努力,所以进入公司不久就取得了不错的成绩,三个月的试用期过后,公司却迟迟不谈转正的事情。李某某去问人事部门,谁知道该部门负责人却告知李某某,公司认为她做销售代理不合适,已经决定了将她调到公司的行政部门,担任打字员的职位,试用期需要重新计算,并且时间也是三个月,试用期工资也是转正后工资的 60%。李某某拿到通知,心想:我应聘的是销售员的工资,干得好好的。我又没有想过要去做行政岗位打字员,并且现在试用期已经过了,公司能再次安排试用期吗?

请问,用人单位以调岗为由在劳动合同中与用人单位约定了两次试用期,这样的做法合理合法吗?

专家解析:

试用期是用人单位与劳动者之间就相互了解、相互考察的过程。一方面可以维护用人单位的利益,为每个工作岗位找到合适的劳动者,试用期就是供用人单位考察劳动者是否适合其工作岗位的一项制度,给企业考察劳动者是否与录用要求相一致的时间,避免用人单位遭受不必要的用工损失。

《劳动合同法》中第十九条第二款也对试用期做了相应的规定:同一个用人单位与同一个劳动者只能约定一次试用期。如果试用期内劳动者的表现符合用人单位的岗位要求,用人单位就需要继续履行其与劳动者时间的劳动合同;如果劳动者在试用期内被证明不符合用人单位当初的录用条件,且企业有证据证明其不符合的话,可以与劳动者解除劳动合同。但是,该案例中的用人单位不能以调岗、劳动者能力尚有待提高等理由重新约定劳动者与用人单位之间的劳动合同的试用期,这样的做法无疑是侵犯了劳动者的合法权益。

专家支招:

《劳动合同法》中的第十九条对劳动者与用人单位之间如何约定试用期进行了详细的约定。试用期的时间期限因劳动合同的期限不同而不同。劳动合同的期限为三个月以上不满一年的,试用期不得超过一个月;劳动合同期限一年以上不满三年的,试用期不得超过两个月;三年以上固定期限的劳动合同和无固定期限的劳动合同,试用期不得超过六个月。也就是说订立三个月以上固定期限的劳动合同和无固定期限的劳动合同的试用期最高也不得超过六个月,实践中很多企业约定试用期为一年,那肯定是违反劳动合同法关于试用期的相关规定的。

同一个用人单位与同一个劳动者只能约定一次试用期。

以完成一定工作任务为期限的劳动合同或者劳动合同期限不满三个月的,不得约定试用期。

试用期包含在劳动合同期限内,劳动合同中仅约定了试用期,试用期不成立,改期限为劳动合同期限。

而在劳动合同期限内,用人单位为劳动者办理缴纳社会保险等五险一金是法定义务。试用期内不为员工缴纳社会保险费,这种实践中用人单位的习惯性做法是不合法的。

第二十条:劳动者在试用期的工资不得低于本单位相同岗位最低档工资或者劳动合同约定工资的百分之八十,并不得低于用人单位所在地的最低工资标准。

7.用人单位可以向劳动者收取违约金吗?

案例:

曹某某于 2009 年 4 月 1 日进入某地某咨询公司担任咨询顾问。双方签订了自 2009 年 4 月 1 日起至 2013 年 5 月 31 日的劳动合同。2009年 5 月 9 日,双方签订了保密与不竞争协议。该协议约定:曹某某承诺在与咨询公司解除或者终止劳动关系后两年内, 不能在与咨询公司生产、经营同类产品或者提供同类服务的企业担任任何职务,不自营与咨询公司类似的产品或服务。2010 年 4 月 30 日,双方有签订了竞业禁止协议。该协议第四条约定:曹某某不履行竞业禁止协议中的相关约定义务,应当承担违约责任,一次性向咨询公司支付违约金,金额为其离开咨询公司前一年的实际年度总收入的两倍。2011 年 2 月 10 日,曹某某因个人原因申请辞职,2011 年 2 月 18 日,曹某某离开咨询公司,并领取了第一个月的竞业禁止补偿金 2000 元。双方同时约定,以后的竞业禁止补偿金由咨询公司于每月的 10 日打入曹某某工资卡。随后,曹某某出任某地某出国咨询公司的移民顾问, 该公司的经营项目与咨询公司的经营项目基本相同。咨询公司交涉未果,于 2011 年 6 月诉至某地某市某区劳动争议仲裁委员会,要求曹某某继续履行保密及不竞争协议,并支付违约金。

审理结果:双方协商调解未果, 某市某区劳动争议仲裁委员会裁决:曹某某继续履行保密及不竞争协议,并想咨询公司支付违约金148714 元。请问,在何种情况下,用人单位可以与劳动者约定违约金。

专家解析：

保密及不竞争协议是双方意思表示一致的结果，一旦签订，双方都受其约束，一方违约，就应当承担相应的违约责任。那么，除了这种情况外，用人单位还可以在劳动合同中约定劳动者的违约责任吗？

专家支招：

《劳动合同法》是一部典型的保护弱势群体——劳动者合法权益的一部法律，其中很多的条款都是为了保障劳动者的合法权益而设置的。如集体合同、补偿金等。但是，任何事情都有例外规定，《劳动合同法》也不例外。它里面有两处规定了用人单位在出现这样的情况下，可以与劳动者约定彼此之间的违约责任。

首先，是关于服务期的约定。《劳动合同法》第二十二条规定：用人单位提供专项培训费用，对其进行专业技术培训的，可以与该劳动者订立协议，约定服务期。

劳动者违反服务期约定的，应当按照约定向用人单位支付违约金。违约金的数额不得超过用人单位提供的培训费用。用人单位要求劳动者支付的违约金的不超过服务期尚未履行部分所应摊的培训费用。

用人单位与劳动者约定服务期的，不影响按照正常的工资调整机制提高劳动者在服务期间的劳动报酬。

这就是法律关于服务期可以约定违约金的相关条款。

其次，是关于劳动者竞业禁止的约定。所谓竞业禁止，又称竞业限制、竞业避让。是指企事业单位员工在任职期间及离职后一定时间内与约定不得从事与本企业相竞争义务的一种法律制度。这有关此员工在这家用人单位上班的时候利用用人单位提供的行业和商业资源所获得的商业秘密，也有关劳动者在今后找工作时的方向。因此，法律对于这块内容进行了特殊的规定。

《劳动合同法》关于此竞业禁止的规定主要集中于第二十三条和第二十四条。

第二十三条：用人单位与劳动者可以在劳动合同中约定保守用人单位的商业秘密和与知识产权相关的保密事项。

对负有保密义务的劳动者，用人单位可以在劳动合同或者保密协议中与劳动者约定竞业限制条款，并约定在解除或者终止劳动合同后，在竞业限制期限内按月给予劳动者经济补偿。劳动者违反竞业限制约定的，应当按照约定向用人单位支付违约金。

第二十四条：竞业限制的人员限于用人单位的高级管理人员、高级技术人员和其他负有保密义务的人员。竞业限制的范围、地域、期限由用人单位与劳动者约定，竞业限制的约定不得违反法律、法规的规定。

在解除或者终止劳动合同后，前款规定的人员到与本单位生产或者经营同类产品、从事同类业务的有竞争关系的其他用人单位，或者自己开业生产或者经营同类产品、从事同类业务的竞业限制期限，不得超过二年。

竞业禁止因为关系到劳动者的再就业，法律对于此进行了详细的规定。竞业禁止是否合理，主要从劳动者在用人单位的工作类别和年限、自我保护意识、职业技能、保密信息，限制区域和期限，补偿金等因素来综合认定。而且要求用人单位对签订竞业禁止协议的劳动者进行了经济补偿，并且规定竞业禁止的限制不得超过两年。这里有个重要的问题就是如何界定用人单位所说的商业秘密和与知识产权有关的保密事项。

一般竞业禁止协议中都会将用人单位的商业秘密进行一个合理的界定，如在协议中规定：甲方（用人单位）或其关联公司所有的，或乙方（劳动者）在甲方工作期间利用甲方名义、资金创建的，甲方的生产、经营、技术信息、现有及潜在供应商和客户名单及相关信息、同行业经营者和贸易信息、产品图纸、文书格式、管理方式、手册、培训资料、计划或预测、财务信息、专有知识、等所有信息。

最后,《劳动合同法》第二十五条明确规定除了上述两种情况之外,用人单位不得与劳动者约定由劳动者承担的违约金。

8.劳动合同缺少必备条款,是否具有法律效力?

案例:

刘某某自 2007 年 10 月起在某地某文化宣传局处工作,负责局里文化宣传编辑工作。双方签订的劳动合同内容为:

"某文化宣传局业余人员(主持人、通讯员)报酬协议

甲方:某文化宣传局

乙方:刘某某

1.乙方必须遵守文化宣传职业道德。

2.乙方遵守甲方的各项管理规定。

3.甲方依照考核结果及时按月支付乙方报酬。

4.乙方有权提出终止本协议,但必须提前一个月时间告知。

5.如乙方违反职业道德标准,或违反甲方有关管理规定,甲方有权终止本协议。

6.乙方工作所涉及的知识产权归甲方所有。

7.本协议有效期为签订之日起到 2008 年 12 月 31 日。

8.本协议一式三份,局人秘科一份,甲乙双方各执一份。

2008 年×月×日。"

2009年6月，刘某某领取了2009年1月至2009年5月的工资5090元后就没再上班，并于2009年7月27日申请仲裁，认为双方的协议不具备《劳动合同法》必备的条款，不是有效的书面劳动合同，要求某文化宣传局支付未签订书面劳动合同的双倍工资。

仲裁委员会支持了王某的仲裁请求。某文化宣传局不服诉至法院，法院亦认为双方的协议缺乏工作内容这一核心条款，无法根据协议确定双方的权利和义务，劳动合同并未成立，故判决某文化宣传局向王某支付11个月的双倍工资。

那么，请问劳动合同中的必备条款有哪些？

专家解析：

书面形式是《劳动合同法》规定的劳动合同的形式，为了使这一形式得到贯彻和统一，《劳动合同法》又对劳动合同必备的条款进行了规定。《劳动合同法》第十七条规定，劳动合同应当具备以下条款：用人单位的名称、住所和法定代表人或者主要负责人；劳动者的姓名、住址和居民身份证或者其他有效身份证件号码；劳动合同期限；工作内容和工作地点；工作时间和休息休假；劳动报酬；社会保险；劳动保护、劳动条件和职业危害防护；法律、法规应当纳入劳动合同的其他事项。

劳动合同除前款必备条款外，用人单位与劳动者可以约定试用期、培训、保守秘密、补充保险和福利待遇等其他事项。

本案例中的劳动合同只有劳动合同主体双方的信息，连劳动报酬如何支付、工作时间和休息休假，社会保险都没有进行详细的约定。如果用人单位和劳动者签了书面合同，但是这个合同过于简单，不具备上述必备条款，无法根据合同的内容确定双方的劳动权利和义务，那么该合同就不具备劳动合同的本质特征，不仅未依法成立，更谈不上生效。

本案中的劳动合同没有生效，根据《劳动合同法》，劳动者可以主张十一个月的双倍工资。

专家支招：

　　劳动者一定要有基本的法律意识,在签订劳动合同,尽量为自己主张合法权益，免得到时候追悔莫及，进入长时间花精力的维权过程中去,劳民伤财。首先,要求用人单位签订书面的劳动合同,这在前面已经讲到过,这里就不再重复。其次,要看清劳动合同的相关内容,有没有符合劳动合同法上规定的基本必备条款。

　　其中劳动合同对劳动报酬和劳动条件等标准约定不明确,引发争议的,用人单位与劳动者络绎重新协商;协商不成的,适用于集体合同规定;集体合同没有或者集体合同未对劳动报酬继续规定的,实行同工同酬;没有集体合同或者集体合同中没有规定劳动条件等标准的,适用有关国家的规定。

9.用人单位在试用期可以解除劳动合同吗?

❀　　❀　　❀

案例：

　　2008 年 1 月 1 日,赵某某应聘于某地某茶艺有限公司,担任销售助理一职。双方签订劳动合同,约定合同期限为 3 年,其中试用期为 3 个月，自 2008 年 1 月 1 日起至 2008 年 3 月 31 日止。2008 年 3 月 30 日,茶艺公司对赵某某进行考核,发现赵先生试用期内的业绩、工作计划都没有达到公司的标准。于是,茶艺公司决定以赵先生在试用期内不符合录用条件为由，解除了与赵某某之间的劳动合同。同年 4 月 3 日,公司将"解除劳动合同通知书"交与赵某某,其中写明:由于赵某某试用期内考核分数不及格，不符合录用条件，兹决定即日起解除双方劳动合同。

其后，赵某某对于公司关于其劳动合同解除的决定不服，向某地某区的劳动争议仲裁委员会申请了劳动仲裁，要求劳动争议仲裁委员会撤销解除劳动合同的决定，恢复劳动关系。庭审中，赵某某诉称，试用期间茶艺公司从未对他的工作提出要求，且2008年4月3日，试用期已经履行完毕，公司不能再以试用期不符合劳动条件为由解除劳动合同。而茶艺公司辩称，2008年3月30日赵某某未能通过公司规定的工作考核。根据《劳动合同法》第三十九条的规定，在试用期间被证明不符合录用条件的，用人单位可以解除劳动合同。现在茶艺公司在试用期间对赵某某的考核，并证实了赵某某不符合录用条件，所以用人单位解除合同符合法律的规定。同时，茶艺公司提供了"考核结论单"，上面写明了对赵某某从事工作的考核指标，且有部门经理和人事主管的签字。但赵某某对"考核结论单"不认可，称其在茶艺公司工作期间从未见过类似的"考核结论单"，是茶艺公司事后补做的。最后仲裁委员会支持了赵某某的主张，理由为茶艺公司未能提供充分的证据证实赵某某在该公司的试用期内不符合录用条件，且公司在试用期后即2008年4月3日才与赵某某解除劳动合同，已经超过了试用期，茶艺公司不能再以劳动者在试用期内不符合录用条件为由而将其与劳动者之间的劳动合同解除。

专家解析：

《劳动合同法》规定试用期就是为了让劳动者与用人单位之间可以彼此熟悉，彼此适应的一个阶段，也是用人单位判断劳动者是否符合岗位要求的一个渐进的过程。那如果双方在试用期内都觉得另一方不符合自己的期待,法律也赋予了在试用期内双方可以解除劳动合同的权利。

该案例中主要涉及用人单位在试用期内解除劳动合同的法律效力问题。《劳动合同法》第三十九条第一款规定,劳动者在试用期内被证明不符合录用条件的,用人单位可以解除劳动合同。该案例中的用人单位即茶艺公司败诉的主要原因之一就是法律必须是以严格按照法定程序来执行,案例中茶艺公司解除劳动合同已经超过了试用期,因此,并不能适用《劳动合同法》第三十九条第一款的规定。

专家支招:

用人单位利用《劳动合同法》第三十九条第一款的规定的案例也不在少数。劳动者首先,得在应聘过程中留个心眼。通常情况下,用人单位在招聘中会明确自己的录用条件,留意此广告,可以防止用人单位刻意将录用条件串改或者夸大,从而达到使劳动者不能符合录用条件的要求。一般来说,录用条件包括录用岗位、工作职责,如年龄、学历、工作经历、文化程度、身体状况、业绩标准、技术业务水平等。

其次,如果用人单位在试用期内以劳动者不符合录用条件这一规定辞退劳动者的时候,劳动者要有证据意识,可以要求用人单位证明自己哪里不符合录用条件以及用人单位对这一岗位的录用条件是什么。最后可以诉至劳动争议仲裁委员会请求维护自己的合法权益。

《劳动合同法》不仅规定用人单位在试用期内可以单方解除劳动合同,也更是赋予了劳动者在试用期内解除劳动合同的权利。而且劳动者行使这一权利,是不需要有任何条件限制的。《劳动合同法》第三十七条第二款规定,劳动者在试用期内提前三日通知用人单位,可以解除劳动合同。劳动者在试用期内要解除与用人单位之间的劳动合同,唯一要做的就是提前三日,通知用人单位。

10.劳动者在转正后,用人单位可以解除劳动合同吗?

案例:

蒋某某 2006 年在某地老家的大专学校毕业后,只身来到了某地,像其他有梦想的年轻人一样,打算在某地奋斗、扎根。通过自己的努力,终于在 2006 年年底进入了某地某公司从事电器修理工的工作。蒋某某平时工作努力,与同事友好相处,很快就晋升了工作岗位。可是好景不长,2008 年年初,蒋某某因为违规操作,发生了工伤,经过有关部门的鉴定,被评为十级工伤。2009 年年初,某地某公司就以蒋某某消极怠工不能按照公司的相关规定完成工作任务为由,连续三天记蒋某某三次大过,并且以蒋某某严重违反公司规章制度为由与蒋某某解除了劳动合同。

事实上,公司并没有指定规章制度,其所能提供的证据仅有未经员工签字确认的三张"记大过"的处罚单。

同年年中,蒋某某诉至某地某区劳动争议仲裁委员会,要求确定某地某公司存在违法解除劳动合同的事实,请求判定公司向蒋某某支付双倍经济补偿金的赔偿金。

庭审中,双方就蒋某某是否存在消极怠工的事实展开了激烈的辩论。最终,某地某区劳动争议仲裁委员会支持了蒋某某的仲裁请求。认定公司违法解除与蒋某某的劳动合同,公司需承担双倍经济补偿金的赔偿金。其裁决的理由:公司没有规章制度,没有赖以处罚员工的理论依据;公司没有姜某证据证明姜某有消极怠工的事实,因此要承担举证不能的后果。

专家解析:

劳动合同的解除可以分为约定的解除和法定的接触,顾名思义,约定的解除是指用人单位与劳动者通过协商一致,可以解除劳动合同。这里的劳动合同解除权用人单位与劳动者均享有,均可以行使。

法定的劳动合同的解除又可以分为用人单位的单方解除劳动合同和劳动者的单方解除劳动合同。本案例中就是典型的用人单位单方解除劳动合同。该案例中的用人单位想利用《劳动合同法》中对于用人单位可以单方解除劳动合同的条款中一条,即劳动者存在严重违反用人单位规章制度,用人单位可以单方解除劳动合同。但是本案例中的用人单位却犯了一个低级错误,因为它的规章制度根本就没有出台,何来处罚依据呢? 劳动者胜诉是可以预见的。

专家支招:

下面就来讲讲劳动者与用人单位双方在什么情况下, 可以行使单方解除劳动合同的权利。

首先,法律赋予劳动者在任何条件下,转正后,只要提前三十日以书面形式通知用人单位,就可以解除劳动合同。这里的解除劳动合同,劳动者不需要有任何条件,只需要履行一个程序性的要求即可。劳动者需要在解除劳动合同时提前三十日,并且以书面形式通知用人单位。这里的三十日就是为了让用人单位在这里时间内可以找到接替该劳动者的工作的新人,也可以方便劳动者在这段时间内的工作交接,方便顺利离职。

《劳动合同法》第三十八条规定了劳动者可以解除劳动合同的情况,主要有 以下几种:

（1）用人单位未按照劳动合同约定提供劳动保护或者劳动条件的；

（2）用人单位未及时足额支付劳动报酬的；

（3）用人单位未依法为劳动者缴纳社会保险费的；

（4）用人单位的规章制度违反法律、法规的规定，损害劳动者权益的；

（5）用人单位以欺诈、胁迫的手段或者乘人之危，使劳动者在违背真实意思的情况下订立或者变更劳动合同的，而致使劳动合同无效的；

（6）法律、法规规定劳动者可以解除劳动合同的其他情况。

其中，用人单位以暴力、胁迫劳动者或者以非法限制人身自由的手段强迫劳动者劳动的，或者用人单位违章指挥、强令冒险作业危及劳动者人身安全的，劳动者可以立即解除劳动合同，不需要事先告知用人单位。严重的，还可以依法请求相关部门追究用人单位的刑事责任。

法律规定的（1）（2）（3）这三种情况，本身就是用人单位的法定义务，没有履行法律规定的义务，劳动者当然可以解除劳动合同，并且要求用人单位补足未支付的劳动报酬，依法为劳动者补缴社会保险费，还可以要求用人单位进行相应的经济补偿。

其次，《劳动合同法》也赋予了用人单位在一定条件下可以解除与劳动者之间的劳动合同。总共可以分为三种解除劳动合同的情形，分别为过错性解除劳动合同、预告性解除劳动合同、经济性裁员。

过错性解除劳动合同，顾名思义，就是劳动者在有主观过错的情形下，用人单位可以单方解除劳动合同。主要见于《劳动合同法》第三十九条规定：

劳动者有下列情形之一的，用人单位可以解除劳动合同：

（1）劳动者在试用期内被证明不符合录用条件的；

（2）劳动者严重违反用人单位的规章制度的；

（3）劳动者严重失职，营私舞弊，给用人单位造成重大损失的；

(4)劳动者同时与其他用人单位建立劳动关系,对完成本单位的工作任务造成严重影响的,或者经用人单位提出,拒不改正的;

(5)劳动者以欺诈、胁迫的手段或者乘人之危,使用人单位在违背真实意思的情况下订立或者变更劳动合同的,而致使劳动合同无效的;

(6)被依法追究刑事责任的。

第一点,首先时间是在试用期内,如果超过了试用期,用人单位以劳动者不符合录用条件,单方解除劳动合同的话,是得不到劳动争议仲裁委或者法院的支持的,试用期的时间一般会在劳动合同中进行约定。其次,证明责任在用人单位一方。他需要证明劳动者不符合录用条件,也需要保存相关录用条件的文档和证据。

第二点,劳动者严重违反用人单位的规章制度,用人单位可以解除劳动合同。这里的规章制度首先要是生效的。

用人单位的规章制度生效要件包括实体要件和程序要件两个方面。实体要件方面:主体适格、内容合理合法、不与劳动合同内容相冲突;程序要件方面:经过民主协商程序制定、已经向劳动者公示或者告知。内容合理合法是指规章制度的内容不能与现行的法律、法规相关规定冲突。经过民主程序制定主要是指《劳动合同法》上第四条的规定,用人单位应当依法建立和完善劳动规章制度,保障劳动者享有劳动权利、履行劳动义务。

用人单位在制定、修改或者决定有关劳动报酬、工作时间、休息休假、劳动安全卫生、保险福利、职工培训、劳动纪律以及劳动定额管理等直接涉及劳动者切身利益的规章制度或者重大事项时,应当经职工代表大会或者全体职工讨论,提出方案和意见,与工会或者职工代表平等协商确定。

在规章制度和重大事项决定实施过程中,工会或者职工认为不适当的,有权向用人单位提出,通过协商予以修改完善。

用人单位应当将直接涉及劳动者切身利益的规章制度和重大事项决定公示，或者告知劳动者。

因此，在实践中，劳动者需要积极行使自己的合法权利，监督用人单位规章制度这一涉及自身切身利益的制度的制定和实施。

第三点，劳动者严重失职、营私舞弊，给用人单位造成严重损失，用人单位才可以解除劳动合同。这里有个程度问题，即只能是达到"严重损失"，用人单位才可以享有单方解除劳动合同的权利。关于严重的认定，需要综合各方面的因素来判定，如给用人单位造成的经济损失，或者致使用人单位在所在地区形成了不良的影响，影响了用人单位的声誉与名誉等。

第四点，劳动者与其他用人单位建立劳动关系，严重影响了其在本单位的工作，或者经过用人单位提出，拒不改正的。劳动者一般来说只能与一家用人单位订立劳动合同，只能拥有一个社保账号，如果因为其与其他用人单位建立劳动关系，而严重影响了自己的本职工作，用人单位是有权单方解除劳动合同的。

第五点，劳动者以欺诈、胁迫的手段或者乘人之危，使用人单位在违背真实意思的情况下订立或者变更劳动合同的，而致使劳动合同无效的，用人单位当然能够解除劳动合同。

第六点，劳动者被依法追究刑事责任的，说明劳动者已经触犯了中华人民共和国的《刑法》，其人身具有社会危险性，其行为会对他人都成威胁，主观上具有恶意，这样的劳动者已经不适合在用人单位继续工作和学习下去了，这样的劳动者需要经过国家机关的改造才能继续投入到社会中去，因此，履行劳动合同已经没有事实基础了，因此，用人单位可以在劳动者依法被追究刑事责任的时候，解除劳动合同。

预告性解除劳动合同是指用人单位在特定条件下，需要提前告知劳动者或者额外支付一个月的工资，就可以单方解除与劳动者的劳动合同了。那么,这些特定的条件有哪些呢?

《劳动合同法》第四十条规定:有下列情形之一的,用人单位提前三十日以书面形式通知劳动者本人或者额外支付劳动者一个月的工资后,可以解除劳动合同:

(1)劳动者患病或者非因工负伤,在规定的医疗期满后不能从事原工作,也不能从事由用人单位另行安排的工作的。

(2)劳动者不能胜任工作,经过培训或者调整工作岗位,仍不能胜任工作的。

(3)劳动合同订立时所依据的客观情况发生了重大变化,致使劳动合同无法履行,经用人单位与劳动者协商,未能就变更劳动合同达成协议的。

这里的程序要求是并列关系,用人单位可以选择提前一个月书面通知劳动者本人,也可以选择向劳动者额外支付一个月的工资。值得注意的是,这里的通知必须是以书面形式,而且要通知劳动者本人;额外向劳动者支付一个月的工资,在实践中往往也被称为"代通知金"。

其中第三点,需要明确的是,这样的劳动合同订立时所依据的客观情况在法律上称为"情势变更",这样的情况一旦发生,继续履行劳动合同的成本往往会高于解除劳动合同的成本,也就是说已经失去了履行劳动合同的基础,而且还有一个条件是,经过双方协商不能达成一致变更劳动合同的意思表示,所以,用人单位可以解除劳动合同。

经济性裁员是指用人单位在经营情况出现恶化的时候,或者为了节约用人成本,而一次性减少劳动者数量,辞退劳动者,以此来改善经营状况的方法。

《劳动合同法》第四十一条对经济性裁员进行了详细的规定:(首先是数量),需要裁减的人员为二十人以上或者裁减不足二十人,但是占企业职工总人数的百分之十以上的;(其次是程序),用人单位需要提前三十日向工会或者全体职工说明情况,听取了工会或者职工的意见后;(最后是报告,)裁减人员的方案经向劳动行政部门报告,方可裁减人员。

法条中对于以下这些情形,是允许用人单位经济性裁员的:

(1)用人单位依照企业破产法规定进行重整的。

(2)用人单位经营发生严重困难的。

(3)用人单位企业转产、重大技术革新或者经营方针调整的,经变更劳动合同后,仍需裁减人员的。

同时,由于经济性裁员导致劳动者失业,严重者甚至会导致劳动者家庭生活负担加重,因此,劳动合同法对于裁员时,用人单位应当优先留用的人员进行了规定,用人单位不可以随意裁员。这种人员主要包括与该用人单位订立较长期限的固定期限劳动合同的、与该用人单位订立无固定期限的劳动合同的、家庭中没有其他就业人员且有需要抚养的老人或未成年人的。这些劳动者一般都是用人单位的老员工或者家庭有特殊困难的人。

如果用人单位依照法律规定裁减人员的,在六个月内重新招用人员的,应当通知被裁减的人员,并在同等条件下优先招用被裁减的人员。

预告性解除劳动合同和经济性裁员都是在劳动者无过错的情况下,用人单位解除劳动合同,因此,法律对这两种解除劳动合同进行了一定的限制。主要体现于《劳动合同法》中第四十二条的规定,下列人员,用人单位不得依照劳动合同进行续预告性解除劳动合同和经济性裁员:

(1)从事接触职业病危害作业的劳动者未进行离岗前职业健康检查,或者疑似职业病病人在诊断或者医学观察期间的。

(2)在本单位患职业病或者因工负伤并被确认丧失或者部分丧失

劳动能力的；

（3）患病或者非因工负伤，在规定的医疗期内的。

（4）女职工在孕期、产期、哺乳期的。

（5）在本单位连续工作满十五年的，且距法定退休年龄不足五年的。

（6）法律、行政法规规定的其他情形。

除了满足上诉实体要件外，用人单位单方解除劳动合同还需要履行一定的程序，应当事先通知工会。如果用人单位的决定违反了法律、行政法规规定或者劳动合同的规定的，工会有权要求用人单位纠正，用人单位应当研究工会的意见，并将处理结果书面通知工会。

11.劳动者在什么情况下可以要求用人单位支付经济补偿？

案例：

章某系某地人士，在当地的专科学校毕业之后，就想去某地发展，像其他外来从业人员一样，开始了艰辛的求职路。终于，皇天不负有心人，通过自己的努力，章某于2008年5月1日至某地某服饰有限公司工作，双方于2009年2月28日签订了劳动合同，合同期限为2008年5月1日至2010年12月31日。该劳动合同约定张某的月工资为：基本工资1000元＋饭贴200元＋交通补贴100元，有加班的其加班费依据甲方（即公司）《员工手册》中相关加班制度计算。此外，该劳动合同中还列有"乙方（即章某）了解并愿意遵守《员工手册》相关规定"的条款。

2010年4月30日，服饰公司向章某正式提出，由于订单减少，希望与章某协商解除该劳动合同。该日双方当事人签订协议约定：双方于2010年4月30日协商一致解除劳动合同,在劳动合同终结后,公司支付张某经济补偿金一个半月的工资即1500元。章某在该协议上签字确认,并于当日办理了交接手续。公司也按约支付了相关经济补偿金。

此后,章某向某地某区劳动争议仲裁委员会申请仲裁,要求公司支付2005年5月1日至2010年4月30日加班工资及经济补偿金差额（以基本工资＋饭贴＋交通补贴＋加班费为经济补偿金计算基数）。公司则认为,其已经依据合同约定的工资和劳动合同的期限支付了相应数额的经济补偿金,因此不存在再支付经济补偿金差额的问题。此外,公司提出,《员工手册》明确载明了加班报批制度,张某从来没有去相关负责人处申请过加班,因此其加班都是自愿的,公司无需向其支付加班费。

请问,章某的请求能否得到某地某区劳动争议仲裁委员会的支持呢?

专家解析：

上述案例主要涉及的劳动法方面的知识是加班费的计算和经济补偿金的计算。

首先,关于加班费的问题主要还是涉及举证责任分配的事情。所谓举证责任主要是指当事人对其提出的主张有收集或者提供证据的义务,并运用该证据证明主张的案件事实成立或者有利于其主张的责任,否则将承担主张不成立的危险。一般来说,都是"谁主张、谁举证"的原则,但是有时候也会根据法律规定,进行举证责任倒置。也就是说,本应该由提出主张的一方当事人就某种事由承担举证责任,结果举证责任倒置,由另一方提供证据证明一方主张的事实不成立,如果该另一方当事人不能就此举证证明,那么就推定一方的事实主张成立。

在劳动争议的案件中,同样也有着这样两种举证原则的存在。需要具体情况具体分析。一般情况下,都是"谁主张、谁举证",但如果与争议有关的证据属于用人单位管理的,用人单位应当提供。用人单位不提供的,应当承担不利后果。这是《中华人民共和国劳动争议调解仲裁法》对于发生劳动争议后,举证责任的分配作出的规定。但是由于劳动关系劳资双方经济地位的悬殊,《最高人民法院关于审理劳动争议案件适用法律若干问题的解释》中对于特殊的劳动争议类型的举证责任进行了重新分配,因用人单位作出的开除、除名、辞退、解除劳动合同、减少劳动报酬、计算劳动者工作年限等决定而发生的劳动争议,用人单位负举证责任。

《最高人民法院关于审理劳动争议案件适用法律若干问题的解释(三)》第九条"劳动者主张加班费的,应当就加班事实的存在承担举证责任。但劳动者有证据证明用人单位掌握加班事实存在的证据,用人单位不提供的,由用人单位承担不利后果。"

这样看来,大部分的举证责任还是在于用人单位身上,这对于保护劳动者的合法权益来说是非常有利的。

本案中,假设章某有加班的证据但是没有遵循《员工手册》的相关规定对加班进行报批,服饰公司是否能够以未报批而不认定加班的事实呢? 如果这一《员工手册》符合实体要件和程序要件,即指定主体合法、内容合法、不与劳动合同产生冲突,且经过服饰公司的民主程序和公示公告程序,原则上来说,公司可以以未报批为由而不认定加班。但是如果加班本身是由服饰公司进行安排的话,或者公司对员工的加班导致的相关费用进行那个相应的报销,或者服饰公司虽然有《员工手册》中加班报批的制度,但是一直没有进行真正的实施等,服饰公司都不能够以未报批而不认定加班的事实。

关于经济补偿金的问题,《劳动合同法》中对于何种情况下,用人单位需要支付给劳动者经济补偿金,进行了详细的规定。在这些情况下,劳动者取得用人单位的经济补偿金是合法合理的。

专家支招:

下面就对这些用人单位需要支付经济补偿金给劳动者的情况进行详细的介绍:

(1)劳动者依照《劳动合同法》第三十八条的规定解除劳动合同的时候。用人单位需要向劳动者支付经济补偿金。具体情况是用人单位未按照劳动合同约定提供劳动保护或者劳动条件的;未及时足额支付劳动报酬的;未依法为劳动者缴纳社会保险费的;用人单位的规章制度违反法律和法规的规定,损害劳动者权益的;用人单位以欺诈、胁迫的手段或者乘人之危,使劳动者在违背真实意思的情况下订立或者变更劳动合同的,而致使劳动合同无效的。

(2)用人单位依照《劳动合同法》第三十六条规定向劳动者提出解除劳动合同并与劳动者协商一致解除劳动合同的,用人单位需要向劳动者支付经济补偿金。具体情况是用人单位与劳动者协商一致,解除了劳动合同。

(3)用人单位依照《劳动合同法》第四十条规定解除劳动合同的,用人单位需要向劳动者支付经济补偿金。具体情况是劳动者患病或者非因工负伤,在规定的医疗期满后不能从事原工作,也不能从事由用人单位另行安排的工作的;劳动者不能胜任工作,经过培训或者调整工作岗位,仍不能胜任工作的;劳动合同订立时所依据的客观情况发生了重大变化,致使劳动合同无法履行,经用人单位与劳动者协商,未能就变更劳动合同达成协议的。

(4)用人单位依照《劳动合同法》第四十一条第一款规定解除劳动合同的,用人单位需要向劳动者支付经济补偿金。具体情况是依照企业破产法规定进行重整的用人单位进行的经济性裁员。

（5）除用人单位维持或者提高劳动合同约定条件续订劳动合同，劳动者不同意徐东的情形外，依照《劳动合同法》第四十四条第一项规定终止固定期限劳动合同的，用人单位需要向劳动者支付经济补偿金。具体情况是劳动合同期满。

（6）依照《劳动合同法》第四十四条第四项、第五项规定终止劳动合同的，用人单位需要向劳动者支付经济补偿金。具体情况是用人单位依法宣告破产的，用人单位被吊销营业执照、责令关闭、撤销或者用人单位决定提前解散的。

（7）法律、法规规定的其他情形。

根据上述规定可以看出，用人单位在有过错的情况下解除的劳动合同，与劳动者协商一致解除的劳动合同，用人单位在预告性解除劳动合同或额外支付一个月的工资下解除的劳动合同，用人单位在破产重整时解除的劳动合同，或者劳动合同期满时，或者用人单位被宣告破产、吊销营业执照、责令关闭、撤销或者用人单位决定提前解散时解除的劳动合同都需要进行经济补偿。劳动者在遇到这类的情况时，可以积极拿起法律武器，维护自己的合法权益。

12.经济补偿怎么算？

案例：

同案例 11，章某的经济补偿金起算点究竟是服饰公司给他的基本工资呢，还是像章某向某地某区的劳动争议仲裁委员会提起的诉求那样,以基本工资＋饭贴＋交通补贴＋加班费为经济补偿金计算基数?

专家解析:

经济补偿金是在用人单位把劳动合同解除或劳动合同期满终止后,用人单位依法一次性支付给劳动者的经济上的补助金。我国法律《劳动合同法》和《劳动法》一般将这笔补助金称为"经济补偿金",外国虽然有不一样的叫法,但是性质是相同的,都是为了给劳动者以经济上的补助。其中法国《劳动法典》称为"辞退补偿金",俄罗斯《劳动法典》则称为"解职金"。

那么,经济补偿金的基数是该以基本工资为准呢,还是以基本工资加上各种费用为准呢? 列入工资总额的项目都应列为经济补偿金的计算基数。本案加班费的有无也影响经济补偿金的计算基数,此外,公司按月发放的饭贴和车贴也应当计入经济补偿金计算基数。因此,某地某区的劳动争议仲裁委员会应该支持章某的仲裁请求, 将其的经济补偿金的结算基数改为以基本工资＋饭贴＋交通补贴＋加班费为准。

专家支招:

本案中还需要解决的问题是计算经济补偿金的基本年限和章某与某地某服饰公司协商一致的经济补偿金是否可以反悔的问题。

首先,让我们来看看现行《劳动合同法》中关于用人单位需要向劳动者支付的经济补偿金是如何规定的。

《劳动合同法》第四十七条规定:经济补偿按劳动者在本单位工作的年限,每满一年支付一个月工资的标准向劳动者支付。六个月以上不满一年的,按一年计算;不满六个月的,向劳动者支付半个月工资的经济补偿。

劳动者月工资高于用人单位所在直辖市、设区的市级人民政府公布的本地区上年度职工月平均工资三倍的，向其支付经济补偿的标准按职工月平均工资三倍的数额支付，向其支付经济补偿的年限最高不超过十二年。

本条所称月工资是指劳动者在劳动合同解除或者终止前十二个月的平均工资。

从这一法条中可以看出，劳动者在本单位的工作年限关系到经济补偿金的数额，也就是说，如果章某之前在某公司工作 3 年，后来才来的某地市某服饰有限公司，那当某地市某服饰有限公司与章某终止劳动合同的时候，支付经济补偿金的计算年限就应该是章某在某地市某服饰有限公司的工作年限，而不能算上之前章某在另一家公司的 3 年。每满一年支付一个月工资的标准向劳动者支付。六个月以上不满一年的，按一年计算；不满六个月的，向劳动者支付半个月工资的经济补偿。最高不超过十二年。

最后，劳动关系双方当事人就经济补偿金协商达成一致后，劳动者提出约定的经济补偿金数额低于法定时，如有证据证明劳动者不知道这一法定的计算或者用人单位没有履行相应的告知义务，劳动者在这种情况下，可以要求劳资争议仲裁委员会或者法院进行补差价。虽然《劳动合同法》及《劳动法》并没有明确写明用人单位与劳动者是否能低于法律标准约定经济补偿金数额。但是《劳动合同法》第八十五条的规定，用人单位在解除或终止劳动合同时未依照法律规定向劳动者支付经济补偿金的，用人单位应当支付差额部分。除非用人单位与劳动者在约定低于法定标准的经济补偿金时，已经明确告知劳动者标准，并且劳动者在协议中明确放弃权利的，该协议视为有效。或者劳动者没有在一年的仲裁时效内主张权利的，时效届满后该协议有效。

13.离职后社保怎么办?

案例:

姚某某大学毕业后就被分配到了某地某医学会工作,2010 年被调入某地某大学校医室工作。2012 年 2 月,姚某某回老家福建某市度假,至同年 12 月回到学校,回校后得知校方已于 10 月对其按照自动离职处理并且停发了工资,对其社会保险也停止了缴纳。姚某某随即向某地某区劳动争议仲裁委提出仲裁申请,要求确定姚某某与某大学的劳动关系继续存在,且补上 10 月开始的社会保险。

请问,姚某某的仲裁请求能否得到某地某区的劳动争议仲裁委的支持呢?

专家解析:

本案例中的姚某某已经构成了自动离职。长期久假不归,严重违反了用人单位的规章制度,姚某某与 2012 年 2 月回家探亲,至 2012 年年底才回到学校,有十个多月的时间未在单位,校方只有 2012 年 3 月收到她寄来的一张休假 15 天的病假条,之后,姚某某就再也没有向某地某大学请假了。期间校方也多次打电话或者写信试图与姚某某取得联系,督促其及时返回工作岗位或者办理请假手续,也没有收到任何回应。除掉寒假 1 个月(2 月份)和产假 3 个月(10-12 月),还有 7 个月的时间应该请假而未请假,又不是属于法律规定可以免责的不可抗力的因素,已经构成了属于严重违反了用人单位的规章制度和违反了劳动纪律。根据《劳动合同法》的相关规定,姚某某已经严重违反了用人单位的规章制度,某地某大学可以依法解除劳动合同,并且停止寄发劳动者的工资和缴纳相应的社保。

专家支招:

这个案例告诉我们劳动者,作为单位的员工,理应该遵守用人单位的人事纪律和规章制度,向姚某某这样的情况,如果履行了正常的请假手续,她的合法权益应该会得到保障。

不过,这个案例也启发了我们的思考,那就是像姚某某这样的,离职后,社保要怎么处理? 单位又有什么义务呢?

首先,来说一下什么是社保? 以及我们通常所说的"五险一金"具体是指什么?

根据《中华人民共和国社会保险法》第二条规定:国家建立基本养老保险、基本医疗保险、工伤保险、失业保险、生育保险等社会保险制度,保障公民在年老、疾病、工伤、失业、生育等情况下依法从国家和社会获得物质帮助的权利。这里所说的基本养老保险、基本医疗保险、工伤保险、失业保险、生育保险就是我们所说的"五险",还有"一金"就是所谓的"住房公积金"。

《中华人民共和国社会保险法》第四条第二款明确规定了单位需要为劳动者缴纳社保的义务。

其中基本养老保险、基本医疗保险、失业保险,都是由用人单位和职工共同缴纳。单位缴纳一部分,劳动者本人自己缴纳一部分。工伤保险和生育保险由用人单位负责缴纳,劳动者本人自己不需要缴纳。假如用人单位要求劳动者共同缴纳工伤保险和生育保险,劳动者不仅可以拒绝,还可以向有关劳动行政部门请求维护自己的合法权益。

劳动者在职期间,用人单位有义务依照法律的规定为劳动者缴纳社会保险,那离职后,用人单位有什么义务呢?

《劳动合同法》第五十条规定：用人单位应当在解除或者终止劳动合同时出具解除或者终止劳动合同的证明，并在十五日内为劳动者办理档案和社会保险关系转移手续。

由此可见，用人单位的义务有两个，出具离职证明，方便劳动者再就业。办理社保转移手续，维护劳动者合法权益。

14.什么是劳务派遣？

案例：

2005年6月30日，某地某公司作为劳务使用单位，徐某某作为劳务人员，案外人某劳务输出服务中心作为劳务输出公司共同签订一份劳务规则，该劳务规则约定劳务人员徐某某是与劳务输出公司建立劳动关系的员工。之后，三方多次续签劳务规则，最后一份劳务规则约定的劳务期限自2007年9月1日起至2008年3月31日。2008年3月31日后，徐某某仍在某地某公司处工作，但三方未续签劳务规则，徐某某与某地某公司之间也未直接订立劳动合同。2008年4月25日，某地某公司辞退徐某某，徐某某于该日离开原告公司。2008年5月11日，徐某某申请劳动仲裁，要求某地某公司支付经济补偿金11000元以及50%的额外经济补偿金5500元。某地市某区劳动争议仲裁委员会于2008年9月24日裁决某地某公司支付徐某某一个月通知期工资960元，对于徐某某的其他仲裁请求不予支持。

之后徐某某与某地市某公司均不服劳动争议仲裁委员会的裁决，在法定的日期内，向某区人民法院提起了劳动争议诉讼。

徐某某 2008 年 4 月之前的 12 个月应发月平均工资为 1601.05 元。某地市某公司已支付徐某某至 2008 年 4 月 25 日的工资,并已经支付徐某某相当于半个月工资的经济补偿金 800.53 元。

徐某某在申请仲裁时并未要求某地某公司支付未提前一个月通知的代通知工资,徐某某在仲裁审理过程中亦未增加该请求。某地某公司与案外人某劳务输出服务中心曾签订期限为 2007 年 7 月 1 日至 2008 年 3 月 31 日的劳务合同,该合同约定某地某公司使用某劳务输出服务中心输出的劳务人员共 140 人(徐某某属于该 140 人的范围内),并约定合同服务费由某地市某公司通过某地某国内劳务咨询服务有限公司支付。某地市某公司已支付给某地某国内劳务咨询服务有限公司相应的管理服务费。2000 年 8 月 10 日,某地市某区劳动和社会保障局批准某地某劳务输出服务中心驻某地办事处从事某地省地域内劳动力输出活动。

某地某公司诉称,要求不支付徐某某一个月的替代提前通知期工资人民币 960 元。

徐某某辩称,要求判令某地某公司支付徐某某经济补偿金 11000 元以及额外经济补偿金 11000 元;判令某地某公司支付徐某某未提前一个月通知的替代期工资 2000 元。

请问,什么是劳务派遣,劳务派遣中的三方权利义务该如何分配?本案中的某地某公司的诉讼请求会得到法院的支持吗?

专家解析:

2008 年 4 月 1 日前,徐某某系作为劳务输出公司输送到某地市某公司处从事劳务活动的劳务人员,徐某某与劳务输出公司之间存在劳动关系,与某地市某公司不存在劳动关系。故对于徐某某要求按其在某地市某公司处工作的实际年限计算经济补偿金的主张,没有得到法院的支持。

2008 年 4 月起,某地市某公司与徐某某并未续签劳务规则,徐某某实际在某地市某公司处工作,某地市某公司亦支付了徐某某劳动报酬,双方实际上系已建立新的用工关系。某地市某公司于 2008 年 4 月 25 日辞退徐某某,徐某某对于双方之间的劳动关系的解除并无异议。徐某某作为非劳务派遣人员在某地市某公司处工作的时间不满一个月,现某地市某公司已按徐某某平均工资支付徐某某半个月的经济补偿金,故对于徐某某要求某地市某公司支付经济补偿金 11,000 元的诉讼请求,法院不予支持。

徐某某另要求某地市某公司支付额外经济补偿金 11,000 元,但某地市某公司并不存在拖欠徐某某经济补偿金的情形,故对于徐某某的该请求,亦不予支持。2008 年 4 月 1 日至 4 月 25 日期间,应处于某地市某公司与徐某某为建立劳动关系的磋商期。在磋商期内,某地市某公司并无必须与徐某某签订书面劳动合同的义务,不属应订立劳动合同而未订立的情形,故徐某某要求某地市某公司支付未提前一个月通知的替代期工资的请求并无相应的法律依据,法院不予支持,某地市某公司无须支付徐某某未提前通知替代期工资。

专家支招:

本案涉及到劳务派遣的问题,这是《劳动合同法》中重点予以规定的问题。从《劳动合同法》的规定可以看出,劳务派遣,是除劳动合同工的另一种补充用工形式,只能在临时性、辅助性或者替代性的工作岗位上实施。是指由劳务派遣机构与劳动者订立劳动合同,由被派遣的劳动者向接受单位(实际用工单位)付出劳动,劳动合同关系存在于劳务派遣单位与被派遣的劳动者之间,但劳动力给付的事实却发生在被派遣的劳动者与用工单位之间。劳务派遣的显著特征就是劳动力的雇用和使用相分立。存续时间不超过六个月的岗位;而且只能以辅助性岗位和替代性岗位的形式出现,辅助性工作岗位是指为主营业务岗位提供服务的非主营业务岗位;替代性工作岗位是指用工单位的劳动者因脱产学习、休假等原因无法工作的一定期间内,可以由其他劳动者替代工作的岗位。

首先,我们需要明白的是能够开展劳动派遣业务公司的特殊条件,《劳动合同法》第五十七条规定:经营劳务派遣业务应当具备下列条件:

(1)注册资本不得少于人民币二百万元;

(2)有与开展业务相适应的固定的经营场所和设施;

(3)有符合法律、行政法规规定的劳务派遣管理制度;

(4)法律、行政法规规定的其他条件。

劳务派遣公司不仅需要具备上述条件,还需要向劳动行政部门依法申请行政许可;经许可的,依法办理相应的公司登记;未经许可,任何单位和个人不得经营劳务派遣业务。

实践中,劳动者在求职时,需要明确单位的用工性质,是自己用工还是劳务派遣,如果是劳务派遣需要查询这家单位的相关劳务派遣的资质,用以确保自己的劳动权益。

下面来谈谈劳动者与劳务派遣单位的权利义务分配关系。

需要明确的是劳务派遣中的用工单位是劳务派遣单位,它与正常情况下的用工单位一样需要履行用人单位对劳动者的义务,劳务派遣单位与被派遣劳动者订立的劳动合同,除应当载明劳动合同法规定的基本事项外,还应当载明被派遣劳动者的用工单位以及派遣期限、工作岗位等情况。

劳务派遣单位应当与被派遣劳动者订立二年以上的固定期限劳动合同,按月支付劳动报酬;被派遣劳动者在无工作期间,劳务派遣单位应当按照所在地人民政府规定的最低工资标准,向其按月支付报酬。

同时,《劳动合同法》第六十条还规定:劳务派遣单位应当将劳务派遣协议的内容告知被派遣劳动者。

劳务派遣单位不得克扣用工单位按照劳务派遣协议支付给被派遣劳动者的劳动报酬。

劳务派遣单位和用工单位不得向被派遣劳动者收取费用。

第六十一条规定:劳务派遣单位跨地区派遣劳动者的,被派遣劳动者享有的劳动报酬和劳动条件,按照用工单位所在地的标准执行。

用工单位应当严格控制劳务派遣用工数量,不得超过其用工总量的一定比例,具体比例由国务院劳动行政部门规定。

其次,来谈谈劳动派遣单位与用工单位之间的权利义务分配关系。

《劳动合同法》第五十九条规定:劳务派遣单位派遣劳动者应当与接受以劳务派遣形式用工的单位(以下称用工单位)订立劳务派遣协议。劳务派遣协议应当约定派遣岗位和人员数量、派遣期限、劳动报酬和社会保险费的数额与支付方式以及违反协议的责任。

用工单位应当根据工作岗位的实际需要与劳务派遣单位确定派遣期限,不得将连续用工期限分割订立数个短期劳务派遣协议。

最后是劳动者与用工单位之间的权利义务分配关系。用人单位不得设立劳务派遣单位向本单位或者所属单位派遣劳动者。

《劳动合同法》第六十二条明确规定了用工单位应当履行义务。主要有如下法定义务:

(1)执行国家劳动标准,提供相应的劳动条件和劳动保护。

(2)告知被派遣劳动者的工作要求和劳动报酬。

(3)支付加班费、绩效奖金,提供与工作岗位相关的福利待遇。

(4)对在岗被派遣劳动者进行工作岗位所必需的培训。

(5)连续用工的,实行正常的工资调整机制。

用工单位不得将被派遣劳动者再派遣到其他用人单位。

第六十三条：被派遣劳动者享有与用工单位被派遣劳动者享有与用工单位的劳动者同工同酬的权利。用工单位应当按照同工同酬原则，对被派遣劳动者与本单位同类岗位的劳动者实行相同的劳动报酬分配办法。用工单位无同类岗位劳动者的，参照用工单位所在地相同或者相近岗位劳动者的劳动报酬确定。

"劳务派遣单位与被派遣劳动者订立的劳动合同和与用工单位订立的劳务派遣协议，载明或者约定的向被派遣劳动者支付的劳动报酬应当符合前款规定。"

劳动者在用工单位中的权利义务也是与在正常用工关系中的权利义务没有差别。主要见于《劳动合同法》中第第六十四条的规定，被派遣劳动者有权在劳务派遣单位或者用工单位依法参加或者组织工会，维护自身的合法权益。

被派遣劳动者可以依照《劳动合同法》规定与劳务派遣单位解除劳动合同。

被派遣劳动者如有《劳动合同法》第三十九条和第四十条第一项、第二项规定情形的，用工单位可以将劳动者退回劳务派遣单位，劳务派遣单位依照《劳动合同法》有关规定，可以与劳动者解除劳动合同。主要是指劳动者有过错，患病或非因工负伤，在规定医疗期满后仍不能从事原工作，或者经过安排之后仍不能从事的，不能胜任工作，经过调岗还是不能胜任工作的，用工单位可以将劳动者退回劳务派遣单位。由于劳动者的劳动关系是与劳务派遣单位订立的，因此，劳务派遣单位可以与劳动者解除劳动合同。

在现实中，劳动者也应有意识地加强自己法律方面的知识与素养，以维护自己切身的利益。

15.什么是非全日制用工?

❋ ❋ ❋

案例:

　　小雨是某地某大学计算机科学系的学生,在老师和同学们的心中一直都是一位品学兼优的三好学生,但是小雨家里的情况知道的人很少,他们家在当地是出了名的贫困,小雨一直都在外面的餐馆打临时工,用以支付平时的生活费开销。大三到大四的那个暑假,她也跟平时一样在某地某餐馆打工,由于是暑假,她每天的工作时间由之前的 4 个小时延长到了 8 个小时,每周累计的工作时间已经超过了 40 小时,由于餐馆的工作环境很闷热,油烟味又大,小雨决定辞职。可是这家某地某餐馆整个暑假都拖欠给小雨工作报酬。小雨讨薪未果,终于向当地法律援助中心伸出了求助的双手。

　　那么,请问,案例中的某地某餐馆的做法违法了吗? 小雨会得到什么赔偿呢?

专家解析:

　　本案例中的小雨与某地某餐馆的用工形式属于典型的非全日制用工。非全日制用工,是指以小时计酬为主,劳动者在同一用人单位一般平均每日工作时间不超过四小时,每周工作时间累计不超过二十四小时的用工形式。某地某餐馆要求小雨的工作时间已经超过了法律规定的平均每日工作时间不超过四小时,每周工作时间累计不超过二十四小时,因此,某地某餐馆的做法违反了劳动合同法的有关规定,小雨可以要求某地某餐馆支付工作时间所有的工作报酬。

专家支招：

　　非全日制用工是灵活就业的一种重要形式。广泛见于餐饮、服务、超市等行业领域，既可以使用人单位节约用人成本，解决实际生产经营的客观需要，还可以促进下岗职工和失业人员的再就业，缓解劳动力市场供需不平衡的关系，可谓是劳动合同用工的补充形式之一。

　　《劳动合同法》中关于非全日制用工的规定主要在第五章特别规定中的第三节。整整一节都在论述关于非全日制用工的情况。下面我们仔细来学习一下关于非全日制用工的知识，用于增加这方面的知识，从而可以维护自身的合法权益。

　　相比较劳动合同用工而言，非全日制用工并不那么正式，所以非全日制用工双方当事人也就是劳动者与用人单位之间可以不用订立书面劳动合同。《劳动合同法》第六十九条规定，非全日制用工双方当事人可以订立口头协议。我们知道，在劳动合同用工中，一个劳动者只能与一个用人单位签订劳动合同，而在从事非全日制用工的情况下，劳动者可以充分发挥非全日制用工的灵活优势，同时与一个或者一个以上的用人单位订立劳动合同。但是，《劳动合同法》规定，后订立的劳动合同不得影响先订立的劳动合同的履行，这在一定程度上也保障了用人单位的利益。

　　劳动合同用工中可以为了让用人单位与劳动者之间有一个渐进的熟悉了解的过程，劳动合同的双方可以在劳动合同中约定试用期，便于双方互相考察和认知。但是非全日制用工由于其用工时间的短暂这一特殊性质，《劳动合同法》第七十条规定非全日制用工双方当事人不得约定试用期。而且非全日制用工双方当事人任何一方都可以随时通知对方终止用工。终止用工，用人单位不向劳动者支付经济补偿。

　　大家知道，法律往往会规定人们活动和行为的最低底线，劳动合同法也不例外，它关于非全日制用工小时计酬的标准是这样规定的：非全日制用工小时计酬标准不得低于用人单位所在地人民政府规定的最低小时工资标准。而且也对结算支付时间做了明确规定，非全日制用工劳动报酬结算支付周期最长不得超过十五日。

16.未成年工（16 周岁以上，18 周岁以下）不能从事哪些工作？

案例：

　　小雄高中毕业后就一直闲在家里。小雄的爸爸是当地某矿的矿工。2000 年 10 月 9 日，小雄接其父的班，被该矿招为合同制工人，双方签订了为期五年的固定期限劳动合同，随即，该矿的负责人安排小雄在矿办公室当通信员。在办理接班手续时，经过了当地劳动部门审批，并对小雄进行体格检查。2003 年 9 月 8 日，该矿因精简机构，压缩非生产部门工作人员，安排小雄下井到采掘面工作，小雄当即拒绝，并说明缘由。矿方也认为安排其从事井下工作不妥，并于同月 12 日安排小雄到锅炉房干司炉工作，也被小雄拒绝。事后，一些工人反映如果小雄不到一线工作，他们也不去一线。这样一来，矿方认为小雄不服从分配，已经给矿上的工作造成不良影响。于是，2003 年 10 月 12 日，经矿长办公室决定对小雄辞退，并于第二天张贴了公告并向小雄送达了辞退通知书。小雄不服，认为该矿对其调整的工作，属于国家规定禁止未成年工从事的范围，因此，对该矿的做法不服，向当地劳动争议仲裁委员会提出申诉，要求撤销对其辞退决定，安排力所能及的工作。

　　请问，小雄的仲裁请求能得到当地劳动争议仲裁委员会的支持吗？

专家解析：

本案例中，双方当事人分别为小雄和某地某矿山。在庭审中，小雄认为矿山对其工作的调整，属于国家禁止的未成年工从事的范围。因此，要求当地劳动争议仲裁委员会撤销对其辞退的决定，并且安排力所能及的工作。

而某地某矿山认为小雄虽然年龄未满 18 岁，但身体健壮，有力气从事一些体力劳动，何况矿上正在精简机构，压缩非生产部门的人员，充实一线工人，在此情况下，调整小雄工作，先后两次小雄都不服从，在矿上造成不良影响，因此，该矿才对其做出辞退处理。

第三方独立的仲裁庭认为：小雄年仅 17 周岁，属于未成年工，依法应受到特殊保护。某地某国营煤矿先后两次安排申诉人小雄的工作，但工作范围均违反了劳动部《未成年工特殊保护规定》第三条第（八）项和第（十七）项的规定，即用人单位不得安排未成年工从事矿山井下及矿山地面采石作业和锅炉司炉的工作，小雄拒绝某地某国营煤矿安排上述工作是正当的，应予支持。

某地某国营煤矿因小雄不服从分配而作出对小雄辞退处理的决定是错误的，应立即纠正。《中华人民共和国劳动法》第六十四条明确规定："不得安排未成年工从事矿山井下、有毒有害、国家规定的第四级体力劳动强度的劳动和其他禁忌从事的劳动。"第九十五条规定："用人单位违反本法对女职工和未成年工的保护规定，侵害其合法权益的，由劳动行政部门责令改正，处以罚款；对女职工或者未成年工造成损害的，应当承担赔偿责任。"

劳动争议仲裁委员会依据上述法律、法规的规定，对某地某国营煤矿进行了批评教育，使某地某国营煤矿认识到了错误。在劳动争议仲裁委员会的主持下,双方达成如下调解协议:某地某国营煤矿同意撤销对小雄的辞退决定,安排其继续留在矿办公室从事通信员工作。小雄表示将加强文化知识学习,熟悉通信员业务,努力做好工作。

专家支招:

本案例中涉及到一个重要的知识点,就是该某地某国营煤矿违反了国家的相关法律、法规的规定,安排了未成年人从事从事禁忌劳动,作为劳动者的自己,可以要求决绝该工作安排,并且要求安排力所能及的工作。

下面我们就来分析一下,什么是未成年工,什么是法律禁止的未成年工所从事的工作范围,以及当我们身边的未成年工的合法权益受到用人单位的侵害时,应该拿起怎么样的法律武器来维护我们身边的未成年工的合法权益。

通常意义上的未成年人是指未满十八周岁的公民,但是在某些国家(例如日本)的定义上是指未满二十周岁的公民。中国人大常委会于1991年9月4日通过的《中华人民共和国未成年人保护法》第二条规定:"未成年人是指未满十八周岁的公民。"未成年人虽然年纪不到十八岁,但是其权益保护的重要性可想而知。未成年人是祖国未来的花朵,是国家经济建设和社会建设的接班人,因此,我们国家对于未成年人的保护给予了高度的重视。对未成年人法律有《未成年人保护法》和《预防未成年人犯罪法》等。劳动法是特殊的领域,因此,法律对于规定未成年工的保护显得尤为重要。

法律上的未成年工是指年龄已满 16 周岁未满 18 周岁的劳动者。这里需要区分的一个概念就是所谓的"童工",我们经常会听到,雇佣童工是违法的,这里的童工是指没有年满 16 周岁的中国公民,童工与未成年工的最大区别就是两者以法定最低就业年龄为界。未成年工就业为法律所允许，但因其仍是未成年人，所以应对其进行特殊的劳动保护。使用童工则是非法行为，要受到法律制裁，只有特殊行业经批准才能招用童工。

未成年工虽然可以进行法律上所允许的部分工作，但是其身体和智力程度的发育仍然不够完善，仍然属于未成年人。关于未成年人的特殊劳动保护，我国的法律法规主要有以下几部：

（1）《劳动法》中专门针对未成年工的保护进行了详细的规定：

《劳动法》第六十四条规定："不得安排未成年工从事矿山井下、有毒有害、国家规定的第四级体力劳动强度的劳动和其他禁忌从事的劳动。"

《劳动法》第六十五条规定："用人单位应当对未成年工定期进行健康检查。"

（2）《中华人民共和国未成年人保护法》中对于未成年工的保护主要是出于原则性的规定：

第二十八条：任何组织和个人不得招用未满十六周岁的未成年人，国家另有规定的除外。

任何组织和个人依照国家有关规定招收已满十六周岁未满十八周岁的未成年人的，应当在工种、劳动时间、劳动强度和保护措施等方面执行国家有关规定，不得安排从事过重、有毒、有害的劳动或者危险作业。

（3）《未成年工特殊保护规定》则是专门一部关于未成年工的劳动保护的法律，未成年工的特殊保护是针对未成年工正处于生长发育期的特点，以及接受义务教育的需要，采取的特殊劳动保护措施。因此，值得我们重点学习和研究。

《未成年工特殊保护规定》主要规定了以下几个方面：

禁止未成年工从事某些禁忌劳动；对未成年工的使用和特殊保护

采取登记制度;定期进行健康检查。

首先,关于禁止未成年工从事某些禁忌劳动主要见于《未成年工特殊保护规定》第三条,该条对未成年工禁忌从事的劳动范围作了较细致的规定。国家规定用人单位不得安排未成年工从事以下十七项范围内的劳动:

a.《生产性粉尘作业危害程度分级》国家标准中第一级以上的接上作业;

b.《有毒作业分级》国家标准中第二级以上的有毒作业;

c.《高处作业分级》国家标准中第二级以上的高处作业;

d.《冷水作业分级》国家标准中第二级以上的冷水作业;

e.《高温作业分级》国家标准中第三级以上的高温作业;

f.《低温作业分级》国家标准中第三级以上的低温作业;

g.《体力劳动强度分级》国家标准中第四级体力劳动强度的作业;

h.矿山井下及矿山地面采石作业;

i.森林业中的伐木、流放及守林作业;

j.工作场所接触放射性物质的作业;

k.有易燃易爆、化学性烧伤和热烧伤等危险性大的作业;

l.地质勘探和资源勘探的野外作业;

m.潜水、涵洞、涵道作业和海拔三千米以上的高原作业(不包括世居高原者);

n.连续负重每小时在六次以上并每次超过二十公斤,间断负重每次超过二十五公斤的作业;

o.使用凿岩机、捣固机、气镐、气铲、铆钉机、电锤的作业;

p.工作中需要长时间保持低头、弯腰、上举、下蹲等强迫体位和动作频率每分钟大于五十次的流水线作业;

q.锅炉司炉。

其次，《未成年工特殊保护规定》第四条则对患有某种疾病或具有某些生理缺陷的未成年工所禁止从事的劳动范围作了详细规定。

未成年工患有某种疾病或具有某些生理缺陷(非残疾型)时，用人单位不得安排其从事以下范围的劳动：

(一)《高处作业分级》国家标准中第一级以上的高处作业。

(二)《低温作业分级》国家标准中第二级以上的低温作业。

(三)《高温作业分级》国家标准中第二级以上的高温作业。

(四)《体力劳动强度分级》国家标准中第三级以上体力劳动强度的作业。

(五)接触铅、苯、汞、甲醛、二硫化碳等易引起过敏反应的作业。

接着，关于未成年工的健康检查也做了特殊规定。

由于未成年工正处于身体发育时期，因此，定期的身体检查可以及时了解未成年工的身体状况，以保证其健康。根据《未成年工特殊保护规定》，用人单位应在安排工作岗位之前，工作满1年以及年满18周岁，距前一次的体检时间已超过半年之久时，对未成年工定期进行健康检查。未成年人的健康检查，应按该规定所附《未成年工健康检查表》列出的项目进行。用人单位应根据未成年人的健康检查结果安排其从事适合的劳动。对不能胜任原劳动岗位的，应根据医务部门的证明，予以减轻劳动量或安排其他劳动。

最后，《未成年工特殊保护规定》对于未成年工的特殊保护规定实行了登记的制度。

用人单位招收未成年工，除符合一般用工要求外，还须向所在地的县级以上劳动行政部门办理登记。劳动行政部门根据《未成年工健康检查表》、《未成年工登记表》，核发《未成年工登记证》。未成年人须持《未成年工登记证》上岗。

17.女职工有什么特殊的劳动待遇？

案例：

小韩在某地某大学的财务管理专业毕业后，顺利进去了某地某外贸公司做财务出纳。很快成家，并且有了自己的小宝宝。但是本来是喜事，现在却搞得小韩很不开心。她的这家公司曾经在与小韩签订的劳动合同中约定，入职两年内不得结婚、怀孕，否则，这家某地某外贸公司可以解除与小韩之间的劳动合同，一切责任都由小韩负担。现在，小韩在入职一年半后有了自己的宝宝，外贸公司却以她无故旷工为由要求与小韩解除之间的劳动合同。小韩生宝宝期间，曾经以挂号信的形式向外贸公司进行请假，但是外贸公司不允许，并且要求解除劳动合同。

请问，外贸公司的解除劳动合同的权利是否正确合法？小韩要是诉至某地市某劳动争议仲裁委员会，要求恢复其与外贸公司之间的劳动合同关系，是否会得到某地市某劳动争议仲裁委员会的支持呢？

专家解析：

小韩认为，某地这家外贸公司违反了《女职工劳动保护特别规定》中关于女职工劳动保护的特殊规定，外贸公司与小韩解除劳动合同是不符合法律规定的，小韩也是正确履行了关于外贸公司请假的规定，而且在劳动合同中约定劳动者的结婚、怀孕问题本身就是违反《劳动合同法》上的相关规定，而且部分条款无效并不影响整个劳动合同的无效。因此，外贸公司有义务继续履行与小韩之间的劳动合同。

而外贸公司则认为，小韩的做法违法了其与公司之间的劳动合同上的约定,而且劳动合同也是合同的一种,意思自治的结果应该得到法律的认同。小韩无故旷工达到了公司规章制度中规定的天数,公司就可以单方解除劳动合同。

某地市某劳动争议仲裁委员会认为,根据《劳动合同法》和《女职工劳动保护特殊规定》,女职工依法可以享受带薪产假,劳动合同中约定限制结婚和怀孕的条款也是违反了劳动合同法上的有关规定,但是部分条款无效不能影响整个劳动合同的效力,因此,小韩与某地市某外贸公司之间的劳动合同还是依法继续生效的,某地市某外贸公司作为用人单位应该依法履行其作为用人单位的义务。所以,某地市某劳动争议仲裁委员会支持了小韩的仲裁请求。

专家支招:

女职工作为繁衍下一代的一个重要的社会角色,其劳动权益和未成年工一样,都是需要法律给予特殊的关照和保护。关于女职工的劳动保护的法律法规也是集中于《劳动合同法》和《女职工劳动保护特别规定》,特别是《女职工劳动保护特别规定》是作为保护女职工的特殊劳动权益的专门法律,值得我们进行深入的学习和研究。下面我们就来系统的介绍和学习一下:

(1)劳动合同中能不能约定限制劳动者关于结婚、怀孕的时间?

劳动合同中不能约定限制女性劳动者关于结婚、怀孕的时间,不能违反法律、法规上的限制性规定,《女职工劳动保护特别规定》第五条:用人单位不得因女职工怀孕、生育、哺乳降低其工资、予以辞退、与其解除劳动或者聘用合同。如果劳动合同中约定了类似的内容,属于无效的条款,那个别条款无效会影响整个劳动合同的效力吗?

《劳动合同法》中的第二十七条规定,劳动合同部分无效的,不影响其他条款的效力,其他部分仍然有效。

（2）哺乳期间，女职工能享受什么的待遇？

法律规定：有不满一周岁婴儿的女职工，其所在单位应当在每班劳动时间内给予其两次哺乳（含人工喂养）时间，每次三十分钟。多胞胎生育的，每多哺乳一个婴儿，每次哺乳时间增加三十分钟。女职工每班劳动时间内的两次哺乳时间，可以合并使用。哺乳时间和在本单位内哺乳往返途中的时间，算作劳动时间。

（3）预产期不上班工资照发吗？

劳动法作为专门保护劳动者权益的法律，其为女职工孕产期劳动权益提供了最重要的保护"三期"女职工的经济利益，即"三期"的基本工资待遇不得降低，具体是指女职工的怀孕期、预产期和哺乳期。因此，女职工在预产期不上班的话，用人单位还是有义务向劳动者发放工资的。

（4）产检算不算工时，单位能扣工资吗？

根据《女职工劳动保护特别规定》，怀孕女职工在劳动时间内进行产前检查，所需时间计入劳动时间。但是女职工也需要履行用人单位规章制度中规定的关于请假的手续和程序，并保存相关的诊疗记录，树立正确的证据意识。

因此，女职工怀孕后继续的产检，也应该算在工时中，用人单位不能以此克扣劳动者的工资。

（5）女职工流产有产假吗？《中华人民共和国劳动法》中第八条的规定女职工怀孕流产的，其所在单位应当根据医务部门的证明，给予一定时间的产假。所以，流产的女职工在用人单位中也可以享受产假，只是享受的产假天数与正常的产假不同，根据《女职工劳动保护特别规定》规定：女职工怀孕未满 4 个月流产的，享受 15 天产假；怀孕满 4 个月流产的，享受 42 天产假。正常的产假，《中华人民共和国劳动法》中第八条是这样规定的：女职工产假为九十天，其中产前休假十五天。难产的，增加产假十五天。多胞胎生育的,每多生育一个婴儿,增加产假十五天。

(6)女职工的特殊保护是什么?

这里所说的女职工的特殊保护主要是指法律对于其工作的范围进行了一定的限制,如《中华人民共和国劳动法》第五十九条规定:禁止安排女职工从事矿山井下、国家规定的第四级体力劳动强度的劳动和其他禁忌从事的劳动。第六十条规定:不得安排女职工在经期从事高处、低温、冷水作业和国家规定的第三级体力劳动强度的劳动。第六十一条规定:不得安排女职工在怀孕期间从事国家规定的第三级体力劳动强度的劳动和孕期禁忌从事的劳动。对怀孕七个月以上的女职工,不得安排其延长工作时间和夜班劳动。

对于已婚待孕的女职工的从事劳动的范围也进行了限定,如禁忌从事铅、汞、苯、镉等作业场所属于《有毒作业分级》标准中第Ⅲ、Ⅵ级的作业。

《女职工禁忌劳动范围的规定》第六条规定:怀孕女职工禁忌从事的劳动范围:1.作业场所空气中铅及其化合物、汞及其化合物、苯、铝、铍、砷、氰化物、氮氧化物、一氧化碳、二硫化碳、氯、己内醚胺、氯丁二烯、氯乙烯、环氧乙烷、苯胺、甲醛等有毒物质浓度超过国家卫生标准的作业;2.制药行业中从事抗癌药物及己烯雌酚生产的作业;3.作业场所放射性物质超过《放射防护规定》中规定剂量的作业;4.人力进行的土方和石方作业;5.《体力劳动强度分级》标准中第Ⅲ级体力劳动强度的作业;6.伴有全身强烈振动的作业,如风钻、捣固机、锻造等作业。以及拖拉机驾驶等;7.工作中需要频繁弯腰、攀高、下蹲的作业,如焊接作业;8.《高处作业分级》标准所规定的高处作业。

第七条规定:乳母禁忌从事的劳动范围:1.第六条中第1、5项的作业;2.作业场所空气中锰、氟、溴、甲醇、有机磷化合物、有机氯化合物的浓度超过国家卫生标准的作业。

《中华人民共和国劳动法》第六十三条规定:不得安排女职工在哺乳未满一周岁的婴儿期间从事国家规定的第三级体力劳动强度的劳动和哺乳期禁忌从事的其他劳动,不得安排其延长工作时间和夜班劳动。

(7)生育的产假法律最低限是几天?

女职工生育享受不少于90天的产假。

(8)关于保护女职工权益的特殊规定。

首先,用人单位应当加强女职工劳动保护,采取措施改善女职工劳动安全卫生条件,对女职工进行劳动安全卫生知识培训。

其次,女职工在孕期不能适应原劳动的,用人单位应当根据医疗机构的证明,予以减轻劳动量或者安排其他能够适应的劳动。

女职工产假期间的生育津贴,对已经参加生育保险的,按照用人单位上年度职工月平均工资的标准出生育保险基金支付;对未参加生育保险的,按照女职工产假前工资的标准由用人单位支付。

女职工生育或者流产的医疗费用,按照生育保险规定的项目和标准,对已经参加生育保险的,由生育保险基金支付;对未参加生育保险的,由用人单位支付。

最后,女职工比较多的用人单位应当根据女职工的需要,建立女职工卫生室、孕妇休息室、哺乳室等设施,妥善解决女职工在生理卫生、哺乳方面的困难。

18.加班可以要求单位支付加班工资吗?

案例:

小马在高中阶段,平时成绩优秀,但是高考失败,只能进入省城的大专院校学习,不过,小马选择的是自己喜爱的人力资源管理专业,毕业后又很幸运的进入到某地某国企负责人力资源管理的工作,平时主要负责员工招聘、入职、劳动合同的管理、培训等工作。小马与某地某国企之间的劳动合同约定,上班时间为早上8点半到下午5点,周六周日都是休息日。月工资3000元,年底会有年终奖金,以及小马可以享受公司的各项福利。但是进入公司半年之后,小马发现人力资源管理的工作平时老是需要加班,一般情况下,都会延长1个小时下班,公司都会安排工作,夸张的时候,甚至加班到晚点九点。有时候周六周日都要去大型的招聘会场进行公司员工招聘的事项,还要负责公司员工的培训,联系外部讲师,安排内部讲师等。工作已经占据了小马的大部分时间。一年后,小马终于向公司提出了辞职,理由是公司加班太频繁,需要休息。公司也同意了。

事后,小马向某地市某劳动争议仲裁委员会提出了仲裁,需要向某地这一国企讨要加班工资及经济补偿。

请问,小马的仲裁请求能否得到某地市某劳动争议仲裁委员会的支持呢? 如果,单位要求劳动者进行加班,劳动者可以要求加班工资工资吗? 具体是怎么计算的呢?

专家解析:

加班对于效益好的企业来说,是一件很平常的事情,经常会发生,经常会占用员工劳动合同约定劳动时间外的时间,本案例中的小马由于其特殊的岗位性质,也被公司要求其经常性的进行加班。

本案例中的小马认为,劳动合同中约定的劳动时间为早上8点半到下午5点,其余之外的时间,如周末等经常被公司要求进行加班,甚至周末,公司就应该按照《劳动合同法》的相关规定,向自己支付相应的加班费。

而作为用人单位的某地某国有公司却认为，小马口中的加班工资，公司已经进行了发放，因为，小马的工资就包括了加班工资，因此，已经向小马支付过加班工资，已经没有必要第二次向小马支付加班工资，经济补偿金在小马办理离职手续的时候，也已经以现金的形式进行了发放。

庭审中，双方围绕加班工资是否已经包含在月工资中展开了激烈的辩论，一方认为已经包括在工资里面，一方认为用人单位需要明确向劳动者告知，加班工资已经包括在工资里面，如果没有履行这一程序，那么，加班工资就需要另行支付。

最后，某地市某劳动争议仲裁庭支持了劳动者小马的申请请求，某地市某国有公司也积极履行了判决的内容，在宣判之后 5 日内，向小马支付了加班工资及经济补偿金。

专家支招：

现在社会由于工作和生活的压力，劳动者被要求加班的案例屡见不鲜，那么，如果作为劳动者陷入到讨要加班工资的维权路后，需要明确哪些才能合理合法且及时的维护自己的合法权益呢？我们认为劳动者主要需要注意的有几下几点：

(1)加班事实的认定

加班事实只有在法律上被认定为是"加班"，劳动者方能主张自己的加班工资。如果存在加班事实，但是劳动者不能举证证明自己加班，其请求也是不会得到仲裁委员会或者法院的支持的。《劳动合同法》和《最高人民法院关于审理劳动争议案例的若干司法解释》中明确规定了，劳动者主张加班的，举证责任就在劳动者自身，除非劳动者有证据证明资料等掌握在用人单位手里。

那么，我们需要弄清，自愿加班和被要求加班是否都能主张劳动者的加班工资呢?

首先,如果是劳动者为了表现,赢得主管或者经理的认可,自愿进行的加班行为,而且没有在单位进行加班的记录,则不属于《劳动合同法》上关于用人单位支付加班工资的前提,即用人单位根据实际需要安排员工在法定标准工作时间以外工作,当然,如果劳动者主张自愿加班的加班工资的时候,用人单位进行了认可,那么,单位就需要向劳动者支付加班工资了。

其次,单位安排的加班。如果劳动者有证据证明单位确实安排了其进行"事实上的加班",那么,此用人单位的行为属于变相的延长了劳动者的工作时间,使员工不得以在正常上班时间之外进行工作的,劳动者就可以向自己的用人单位进行了加班工资的一个主张,也会得到劳动争议仲裁委员会或者法院的支持。

最后,我们来说说几种特殊的用工形式的加班工资,劳动者该如何为主张的问题。劳动者如果是与用人单位签订的是不定时的工作制度,这里的不定时工作制度通常包括"企业中的高级管理人员、外勤人员、推销人员、部分值班人员和其他因工作无法按标准工作时间衡量的员工;企业中的长途运输人员、出租汽车司机和铁路、港口、仓库的部分装卸人员以及因工作性质特殊,需机动作业的员工;其他因生产特点、工作特殊需要或职责范围的关系,适合实行不定时工作制的员工。"这里需要注意的是,实行不定时工作制度的劳动者是不能向用人单位主张加班工资的,除非用人单位在法定节假日安排劳动者工作的,不管是正常工作时间制度还是不定时工作时间制度,都需要向劳动者支付不低于本人工资标准的300%的加班费。

还有的特殊的情况是综合计算工时制的劳动者能否主张加班工资的问题。

按照劳动部《关于企业实行不定时工作制和综合计算工时工作制

的审批办法》和《关于员工工作时间有关问题的复函》规定,经批准实行综合计算工时工作制的企业,在综合计算周期内的总实际工作时间不应超过总法定标准工作时间,超过部分应视为延长工作时间并按《劳动法》第四十四条第一款的规定支付工资报酬,支付不低于工资标准的150%支付加班工资,如果法定休假日安排员工工作的,按《劳动法》第四十四条第三款的规定支付工资报酬,支付不低于工资标准的300%支付加班工资。而且,延长工作时间的小时数平均每月不得超过36小时。因此,实行综合计算工时制的劳动者在标准的工作时间内是不能主张加班工资的。

还有一种特殊情况是计件工资制的劳动者能否主张加班费的问题。计件工资制是指劳动者的报酬是根据其做的件数来计算的,而不是根据工作时间,一般都是多劳多得、少劳少得。但是如果被用人单位安排的额外加班,就可以认定是"加班",即在完成规定的工作任务之后,用人单位还安排劳动者延长工作时间的情况。此种情况下,应根据《劳动法》第四十四条规定的原则,分别按照不低于其本人法定工作时间计件单价的150%、200%、300%支付其工资。

(2)加班工资的计算以什么基数为准

双方当事人之间在法院或者劳动争议仲裁委员会的协助和调节下,对加班这一"法律加班事实"做出了认定,接下来的事情就是如何计算加班费的问题了。加班费的计算基数需要具体情况具体分析。

如果劳动者与用人单位之间的劳动合同中已经明确约定了劳动者的工资数额的,就如案例中的3000元,那就是以这个劳动合同中约定的工资数额作为计算加班费的基数。这里的约定工资基数是以全部工资计算在一起的总和,比如有些公司会有"基本工资"、"岗位工资"、"职务工资"等,那么计算加班费的时候就应该把这些项目全部加起来,不能以"基本工资"、"岗位工资"或"职务工资"单独一项作为计算基数。而且用人单位不能自行设定加班基数。这是非常重要的。

如果劳动者与用人单位之间的劳动合同没有明确约定给予劳动者的工资数额的，那么加班费的计算基数就是应该以用人单位实际发给劳动者多少工资这一数额为基数。1990年由国家统计局颁布的《关于工资总额组成的规定若干具体范围的解释》中明确了工资发放组成的部分包括：奖金、津贴、补贴，不包括有关劳动保险和职工福利方面的费用(职工死亡丧葬费及抚恤费、医疗卫生费或公费医疗费用、职工生活困难补助费、集体福利事业补贴、工会文教费、集体福利费、探亲路费、冬季取暖补贴、上下班交通补贴以及洗理费等)和劳动保护的各种支出(工作服、手套等劳保用品、解毒剂、清凉饮料)，以及按照1963年7月19日劳动部等七单位规定的范围对接触有毒物质、矽尘作业、放射线作业和潜水、沉箱作业、高温作业等五类工种所享受的由劳动保护费开支的保健食品待遇。但是，如果实际工资中已经包含了加班费，那就是应该扣除，不能列入计算的基价范围。

几种特殊的用工形式需要明确一下，加班费的计算基数。如实行计件工资的，应当以法定时间内的计件单价为加班费的计算基数。

月计薪天数法律明确规定为21.75天，如果计算小时平均工资的话，就是月工资金额除以21.75天得出具体的数额。

《劳动法》第四十四条的规定：用人单位在标准工作日内安排劳动者延长工作时间的，支付不低于工资的百分之150%的工资报酬；休息日安排劳动者工作又不能安排补休的，支付不低于工资的200%的工资报酬；法定休假日安排劳动者工作的，支付不低于300%的工资报酬。用人单位遇到上述情况安排劳动者加班时，应当严格按照劳动法的规定支付加班费。

这里需要注意的是，在法定节假日的时候，如果用人单位安排劳动者工作的，即使安排了补休或者发放了过节费而用以代替加班工资，劳动者要求支付加班工资的，用人单位还是需要依照法律的规定支付百分之三百的工资报酬。过节费是用人单位发放给劳动者的福利，是福利政策，在用人单位安排劳动者进行加班后，不管用人单位是否支付了过节费，都需要按照法律的规定，向劳动者支付相应的劳动工资报酬。

但是，依据《劳动法》第四十四条规定，休息日安排劳动者加班工作的，应首先安排补休，不能补休时，则应支付不低于工资的百分之二百的工资报酬。补休时间应等同于加班时间。因而，在休息日安排员工工作，安排了补休可以不再支付加班工资。这就是用人单位在法定节假日和休息日安排员工的不同区别。

（3）加班时间的限定及救济

我们通过上述的讲解，是否可以得出只要用人单位向劳动者支付加班工资，极端一点的话，用人单位是不是就可以无限制的安排自己的劳动者进行加班这一行为了呢？答案是，用人单位这样的行为已经违反了《劳动法》第四十一条的规定，即用人单位由于生产经营需要，经与工会和员工协商后可以延长工作时间，一般每日不得超过 1 小时；因特殊原因需要延长工作时间的，在保障员工身体健康的条件下延长工作时间每日不得超过 3 小时，但是每月不得超过 36 小时。

如果，用人单位安排了劳动者在劳动合同约定工作时间之外进行加班行为，那么劳动者可以怎么维护自己的合法权益呢？劳动者可以要求用人单位进行支付加班费，其次，如果用人单位不支付加班费，劳动者可以要求劳动行政部门责令限期制度劳动报酬、加班费或者经济补偿，逾期不支付的，可以要求劳动行政部门责令用人单位按应付金额50%以上100%以下的标准向劳动者加付赔偿金。这些法律依据也可以在劳动者向劳动争议仲裁委员会或者法院请求维护自己合法的权益时，用作支持自己请求的依据。主要是《劳动合同法》的第八十五条。

19.外资企业可否不遵守我国《劳动法》?

案例:

中国境内某地某日资企业是专门从事家具制造的工厂。小张一毕业就在这家工厂做布料裁剪工作,一干就是三年。小张最近谈了个女朋友,正打算结婚,但是女朋友对其所处的工作环境表示担忧,因为小张的工作强度很大,工作环境也是十分恶劣,还经常加班加点,要是遇上订单多的时候,一天工作十二三个小时那也是很常见的事情,平均下来,在某地某日资企业上班的工人们每个人的工作时间都在14小时以上,并且周末赫然节假日经常没有得到很好地休息,就打算让他辞职,然后自己回老家开个饭店。之后,小张就将其想辞职的想法告诉了自己的主管,并且也是提交了辞职信,同时还要求工厂支付自己的加班工资和经济补偿金。可是得到的答复却是,他们是日资企业,按照日本的劳动法律法规来约束劳动者与用人单位之间的劳动合同中的权利义务,因此,不需要向小张支付加班费和经济补偿金。

无奈之下,小张只有求助于某地市某劳动争议仲裁委员会,那么,作为劳动争议仲裁委员会是否会支持小张的仲裁请求呢?换句话说,也就是外资企业究竟是否适用我国的《劳动法》和《劳动合同法》呢,作为在外企企业上班的劳动者,他们的权益该由谁来保护呢?

专家解析:

本案中的小张所在的工作单位虽然是日资企业,但是同样也要遵循我国的《劳动法》和《劳动合同法》中所有的规定,因此,本案中的劳动者小张可以向某地某日资企业主张自己合法的加班费和经济补偿金。

专家支招：

随着改革开放的深入，中国经济与国际经济的接轨，越来越多的外国企业和其他经济组织在中国境内举办企业，充分利用了中国劳动者低廉的用工成本和中国广阔的消费市场，越来越多雇佣中国的劳动者，如此，我们需要解决的问题就是中国劳动者在外企企业的权益该如何保障呢？

这样的情况下，我们首先要明确的是什么是外资企业？

根据《中华人民共和国外资企业法》第二条的规定，这里所指的外资企业是指根据中国有关法律在中国境内设立的全部资本由外国投资者投资的企业，不包括外国的企业和其他经济组织在中国境内的分支机构。这里要明确外资企业有两个条件，根据中国有关法律设立的在中国境内的公司，且其全部资本是由外国投资者投资的。这样规定，就排除了合资企业和外国企业在中国境内的分支机构。

《中华人民共和国外资企业法》第四条和第五条规定：外国投资者在中国境内的投资、获得的利润和其他合法权益，受中国法律保护。外资企业必须遵守中国的法律、法规。国家不得对外资企业实行国有化和征收。

设立外资企业的申请，由国务院对外经济贸易主管部门或者国务院授权的机构审查批准，经批准后，外国投资者应当在接到批准证书之日起三十天内向工商行政管理机关申请登记，领取营业执照。自此，外资企业就依法取得中国法人的资格。

《中华人民共和国外资企业法》第十二条规定了劳动者的权益：外资企业雇用中国职工应当依法签订合同，并在合同中订明雇用、解雇、报酬、福利、劳动保护、劳动保险等事项。第十三条规定，外资企业的职工依法建立工会组织,开展工会活动,维护职工的合法权益。外资企业应当为本企业工会提供必要的活动条件。

《劳动法》第二条明确规定:"在中华人民共和国境内的企业、个体经济组织和与之形成劳动关系的劳动者,适用本法。国家机关、事业组织、社会团体和与之建立劳动合同关系的劳动者,依照本法执行。"

由此可见,只要是在中国境内设立的企业都需要遵守中国的法律,外资企业要是逃避这一点,劳动者可以勇敢的拿起法律武器,维护自己的合法权益。

20.发生了工伤怎么办?

案例:

陈某某是某地某市人,毕业后进入到了一家运输公司,开始是负责公司车队的调度,后来由于运输公司的效益变好,司机人手又缺紧,加上自己在运输公司多年的工作经验和开车经验,陈某某也加入到了公司车队的队伍。2012年冬季的一天,运输公司接到了一个大单子,但是时间比较紧张,客户要求越快将货物运输到目的地越好,为了尽快完成任务,陈某某牺牲了周末休息的时间,加紧运输。12月1日的晚上九点多,陈某某在运输的途中,由于路况不好再加上连日的劳累,陈某某的车撞上了路边的护栏,不仅货物损失了大半,自己也造成了重伤。

事故发生后,陈某某在医院度过了春节,不仅如此,还花费了医疗费用和护理费用近6万元。事后,运输公司负责人主动来医院看望陈某某,并且指派专门人员到医院照顾陈某某,主动支付了所有的医疗费用和陈某某住院期间的全部工资。陈某某以及他的家人对运输公司的做法都感到感谢。但是由于伤势过重，出院后，陈某某造成了重度残疾，丧失了大部分的劳动能力。之后，陈某某要求运输公司给予陈某某享受工伤待遇，但是运输公司表示不愿意。因此，陈某某向当地劳动行政部门要求解决陈某某与运输公司之间的矛盾纠纷。

那么，请问，劳动者陈某某的请求能否得到当地劳动行政部门的支持呢？

专家解析：

本案例中的工伤认定问题是日常生活中常见的劳动者与用人单位之间的纠纷，本案中的运输公司认为，陈某某这样的情况不能算是工伤，最大的一个理由就是陈某某负伤的时间是在晚上，并不能算是工作时间所受的伤害，而且根据劳动部《企业职工工伤保险试行办法》（劳部发〔1996〕266号）第十条的规定："工伤职工或其亲属应当自工伤事故发生之日或者职业病确诊之日起，十五日内向当地劳动行政部门提出工伤保险待遇申请。遇有特殊情况，申请期限可以延长至三十日。"陈某某申请认定为工伤的时间已经过了，无权也不能再向当地劳动行政部门申请认定为工伤了。

当地劳动行政部门与陈某某的意见是一致的，都认为，由于运输工作的特殊性，工作时间不能受平常工作时间的限制，即使是在晚上，只要陈某某承担的是运输公司业务的货物的，就应当认定为其是工作时间，因此，应当认定为陈某某所负的伤害是法律意义上的工伤，有权要求自己的用人单位某输运公司给予享受相关的工伤保险的待遇。

专家支招：

工伤是指劳动者在工作时间由于用人单位交代的工作任务或者与工作任务有关的活动实施过程中而产生的对自己身体上的伤害和职业病危害。当前国际上关于工伤的概念主要从两个方面着手，一个是对劳动者身体上造成的伤害，一个就是我们熟悉的职业病。

(1)哪些情况可以认定为工伤？

关于工伤的认定,主要见于《工伤保险条例》中的第三章,整个章节都是在描述工伤是如何认定的。它说职工有下列情形之一的,应当认定为工伤：

a.在工作时间和工作场所内,因工作原因受到事故伤害的；

b.工作时间前后在工作场所内,从事与工作有关的预备性或者收尾性工作受到事故伤害的；

c.在工作时间和工作场所内,因履行工作职责受到暴力等意外伤害的；

d.患职业病的；

e.因工外出期间,由于工作原因受到伤害或者发生事故下落不明的；

f.在上下班途中,受到非本人主要责任的交通事故或者城市轨道交通、客运轮渡、火车事故伤害的；

g.法律、行政法规规定应当认定为工伤的其他情形。

以上这7种情况是法律认为应当认定为工伤的情形。

还有3种情况,法律认为应当视同为工伤,如在工作时间和工作岗位,突发疾病死亡或者在48小时之内经抢救无效死亡的；在抢险救灾等维护国家利益、公共利益活动中受到伤害的；职工原在军队服役,因战、因公负伤致残,已取得革命伤残军人证,到用人单位后旧伤复发的。这里3种情况还是有一点小的区别的,前两者情形的,依照《工伤保险条例》的有关规定享受工伤保险待遇,如果是第3种情形的话,可以享受除一次性伤残补助金以外的工伤保险待遇。

《工伤保险条例》中也对劳动者如果符合上述情况但是不能认定或视同为工伤的情况做了规定,如故意犯罪的,醉酒或者吸毒的,自残或者自杀的。

工伤根据受伤的程度一般可以分为轻伤和重伤,也可以分为轻伤、中度伤、无生命危险的重伤、有生命危险的重伤、危重、存活和不明。

工伤根据致伤因素来分,一般可以分为机械性损伤:如锐器造成的切割伤和刺伤,钝器造成的挫伤,建筑物倒塌造成的挤压伤,高处坠落引起的骨折;物理性损伤:如烫伤、烧伤、冻伤、电损伤、电离辐射损伤;化学性损伤:如强酸、强碱、磷和氢氟酸等造成的灼伤。

工伤根据受伤部门分为颅脑伤、面部伤、胸部伤、腹部伤和肢体伤。

(2)工伤该如何认定?

《工伤保险条例》中关于工伤如何认定、该找什么单位认定以及需要提交的材料等具体内容进行了详细的规定。下面我们就来好好学习一下:

职工发生事故伤害或者按照职业病防治法规定被诊断、鉴定为职业病,所在单位应当自事故伤害发生之日或者被诊断、鉴定为职业病之日起 30 日内,向统筹地区社会保险行政部门提出工伤认定申请。遇有特殊情况,经报社会保险行政部门同意,申请时限可以适当延长。

用人单位未按前款规定提出工伤认定申请的,工伤职工或者其近亲属、工会组织在事故伤害发生之日或者被诊断、鉴定为职业病之日起 1 年内,可以直接向用人单位所在地统筹地区社会保险行政部门提出工伤认定申请。

如果用人单位没有在上述规定的时间内向有关部门提交工伤认定申请,在此期间发生的符合《工伤保险条例》等有关费用由用人单位承担。

提出认定工伤申请应当提交下列材料:工伤认定申请表;与用人单位存在劳动关系(包括事实劳动关系)的证明材料;医疗诊断证明或者职业病诊断证明书(或者职业病诊断鉴定书)。工伤认定申请表应当包括事故发生的时间、地点、原因以及职工伤害程度等基本情况。

工伤认定申请人提供材料不完整的，社会保险行政部门应当一次性书面告知工伤认定申请人需要补正的全部材料。申请人按照书面告知要求补正材料后，社会保险行政部门应当受理。

社会保险行政部门受理工伤认定申请后，根据审核需要可以对事故伤害进行调查核实，用人单位、职工、工会组织、医疗机构以及有关部门应当予以协助。职业病诊断和诊断争议的鉴定，依照职业病防治法的有关规定执行。对依法取得职业病诊断证明书或者职业病诊断鉴定书的，社会保险行政部门不再进行调查核实。

工伤的认定过程中，如果劳动者及其近亲属认定为是工伤，而用人单位不认为是工伤，那么用人单位就应该承担相应的举证责任。

（3）劳动能力的鉴定

《工伤保险条例》第二十一条规定，职工发生工伤，经治疗伤情相对稳定后存在残疾、影响劳动能力的，应当进行劳动能力鉴定。

劳动能力鉴定是指劳动功能障碍程度和生活自理障碍程度的等级鉴定。

劳动功能障碍分为十个伤残等级，最重的为一级，最轻的为十级。

生活自理障碍分为三个等级：生活完全不能自理、生活大部分不能自理和生活部分不能自理。

劳动能力鉴定标准由国务院社会保险行政部门会同国务院卫生行政部门等部门制定。

劳动能力鉴定由用人单位、工伤职工或者其近亲属向设区的市级劳动能力鉴定委员会提出申请，并提供工伤认定决定和职工工伤医疗的有关资料。

（4）工伤赔偿及其赔偿范围

工伤赔偿须经工伤认定、劳动能力鉴定、劳动仲裁三个必经阶段。

工伤赔偿标准又分为国家标准和地方标准。

下面这个表格就是国家赔偿的标准。

赔偿项目	赔偿标准	赔偿机构
医疗费	按工伤保险诊疗项目目录、工伤保险药品目录、工伤保险住院服务标准支付。	工伤保险基金
伙食补助费	由统筹地区人民政府规定。	工伤保险基金
交通、食宿费	到统筹地区以外就医产生,由统筹地区人民政府规定。	工伤保险基金
康复治疗费	须到签订服务协议的医疗机构治疗,按工伤保险诊疗项目目录、工伤保险药品目录、工伤保险住院服务标准支付。	工伤保险基金
工伤医疗期工资	工资福利待遇不变,不超过 24 个月。	用人单位
生活护理费	生活护理费按照生活完全不能自理、生活大部分不能自理或者生活部分不能自理 3 个不同等级支付,其标准分别为统筹地区上年度职工月平均工资的 50%、40%或者 30%,按月支付。	工伤保险基金

辅助器具费	经劳动能力鉴定委员会确认,按照国家规定的标准从工伤保险基金支付。	工伤保险基金
一次性伤残补助金	一级伤残为 27 个月的本人工资; 二级伤残为 25 个月的本人工资; 三级伤残为 23 个月的本人工资; 四级伤残为 21 个月的本人工资; 五级伤残为 18 个月的本人工资; 六级伤残为 16 个月的本人工资; 七级伤残为 13 个月的本人工资; 八级伤残为 11 个月的本人工资; 九级伤残为 9 个月的本人工资; 十级伤残为 7 个月的本人工资。	工伤保险基金
伤残津贴	一级伤残为本人工资的 90%, 二级伤残为本人工资的 85%, 三级伤残为本人工资的 80%, 四级伤残为本人工资的 75%。 伤残津贴实际金额低于当地最低工资标准的,补足差额。	工伤保险基金
	五级、六级伤残,保留劳动关系,由用人单位安排适当工作。 难以安排工作的,按月发给伤残津贴。五级伤残为本人工资的 70%,六级伤残为本人工资的 60%。	用人单位

	伤残津贴实际金额低于当地最低工资标准的,补足差额。	
一次性工伤医疗补助金	由省、自治区、直辖市人民政府规定。 广东省标准 七级伤残为6个月的本人工资; 八级伤残为4个月的本人工资; 九级伤残为2个月的本人工资; 十级伤残为1个月的本人工资。	工伤保险基金
一次性伤残就业补助金	由省、自治区、直辖市人民政府规定。 广东省标准 七级伤残为25个月的本人工资; 八级伤残为15个月的本人工资; 九级伤残为8个月的本人工资; 十级伤残为4个月的本人工资。	用人单位
安家补助费	六个月统筹地区上年度职工月平均工资(广东省工伤赔偿标准)。	用人单位
丧葬补助金	6个月的统筹地区上年度职工月平均工资。	工伤保险基金

供养亲属抚恤金	配偶每月 40%，其他亲属每人每月 30%，孤寡老人或者孤儿每人每月在上述标准的基础上增加 10%。核定的各供养亲属的抚恤金之和不应高于因工死亡职工生前的工资。	工伤保险基金
一次性工亡补助金	上一年度全国城镇居民人均可支配收入的 20 倍。	工伤保险基金
下落不明供养亲属抚恤金	配偶每月 40%，其他亲属每人每月 30%，孤寡老人或者孤儿每人每月在上述标准的基础上增加 10%。核定的各供养亲属的抚恤金之和不应高于因工死亡职工生前的工资。	工伤保险基金

这里产生的一个疑问是什么是工伤保险基金？

所谓的工伤保险基金是通过社会保险经办机构向用人单位广泛筹集的保险资金，在劳动者遇到发生工伤的情况时，可以及时给予规定劳动者本人或者近亲属的经济补偿，也就是我们通常在单位缴纳的工伤保险。这里的工伤保险只需要用人单位缴纳即可，不需要劳动者自己缴纳。

21.带薪年休假怎么算?

案例:

小杨 2010 年 6 月大学毕业后就来到一家外贸公司担任财务主管一职,入职后,小杨就与外贸公司签订书面劳动合同,自己也了解到劳动者享有带薪年假的权利。于是,小杨便在 2010 年的十一向公司提出了五天的年休假的申请。结果,公司以未在劳动合同中约定怎么享受带薪年休假为由,没有批准小杨的申请。小杨收到这个消息后,十分气愤,就在 2010 年 9 月 26 日之后就不来公司工作了,理由就是要求公司给予自己享受劳动合同法上规定的带薪年休假。十一长假过后,小杨去公司上班,却被告知小杨已经被外贸公司解雇,理由是小杨旷工在先。小杨不服,遂向当地某劳动争议仲裁委员会提出申请劳动仲裁,要求公司支付违法解除劳动关系的赔偿金。

那么,请问,小杨的仲裁请求能够得到当地劳动争议仲裁委员会的支持呢?

专家解析:

外贸公司在仲裁庭审时表示,享受企业带薪年休假的前提是在用人单位连续工作满一年以上,根据法律规定可以享受。本案例中,小杨从 2010 年 6 月毕业后入职,到 2010 年 10 月满打满算才四个月。因此,不能享受法律规定的带薪年休假。最后,可想而知,当地仲裁庭没有支持小杨的仲裁请求。

专家支招:

带薪年休假是劳动者在用人单位工作满一年以上的,可以享受年休假,且用人单位依据需要支付这几天的工资给劳动者。2007年12月7日国务院第198次常务会议已经通过《职工带薪年休假条例》,自2008年1月1日起施行。这是专门针对带薪年休假出台的条例,以此来弥补之前劳动法领域只对带薪年休假做原则性规定的缺陷。

《职工带薪年休假条例》第二条规定,机关、团体、企业、事业单位、民办非企业单位、有雇工的个体工商户等单位的职工连续工作一年以上的,享受带薪年休假,单位应当保证职工享受年休假。职工在年休假期间享受与正常工作期间相同的工资收入。单位应当保证职工享受年休假。职工在年休假期间享受与正常工作期间相同的工资收入。这里的职工应该只是指全日制的标准劳动关系劳动者,而不包括非全日制和特殊的劳动者。那么,劳务派遣的员工是否可以享受带薪年休假呢?答案是肯定的。法律依据为:《企业职工带薪年休假实施办法》第十四条规定:劳务派遣单位的职工符合本办法第三条规定条件的,享受年休假。

被派遣职工在劳动合同期限内无工作期间由劳务派遣单位依法支付劳动报酬的天数多于其全年应当享受的年休假天数的,不享受当年的年休假;少于其全年应当享受的年休假天数的,劳务派遣单位、用工单位应当协商安排补足被派遣职工年休假天数。

需要注意的是,"职工连续工作满月一年以上",既包括职工在同一用人单位连续工作满一年以上的情形,也包括职工在不同用人单位连续工作满一年以上的情形,只不过后者享受天数应该按照在用人单位工作期限与全年工作日的比例来折算。

首先,我们来谈谈具体的带薪年休假天数是怎么算的。《职工带薪年休假条例》第二条规定,职工累计工作已满 1 年不满 10 年的,年休假 5 天;已满 10 年不满 20 年的,年休假 10 天;已满 20 年的,年休假 15 天。国家法定休假日、休息日不计入年休假的假期。

对于带薪年休假的天数,一般情况按照累计工龄即可推知,但由于年休假按公历年度计算,因而在入职和离职这两种特殊情况下其计算往往比较复杂。

《企业职工带薪年休假实施办法》第五条规定:职工新进用人单位且符合本办法第三条规定的,当年度年休假天数,按照在本单位剩余日历天数折算确定,折算后不足 1 整天的部分不享受年休假。

前款规定的折算方法为:(当年度在本单位剩余日历天数 ÷365 天)× 职工本人全年应当享受的年休假天数。

第十二条:用人单位与职工解除或者终止劳动合同时,当年度未安排职工休满应休年休假的,应当按照职工当年已工作时间折算应休未休年休假天数并支付未休年休假工资报酬,但折算后不足 1 整天的部分不支付未休年休假工资报酬。

前款规定的折算方法为:(当年度在本单位已过日历天数 ÷365 天)× 职工本人全年应当享受的年休假天数 – 当年度已安排年休假天数。

用人单位当年已安排职工年休假的,多于折算应休年休假的天数不再扣回。

如果满足一定的工作时间,是否一定能够享受年休假呢?答案是不一定。《职工带薪年休假条例》第四条规定:职工有下列情形之一的,不享受当年的年休假: (1)职工依法享受寒暑假,其休假天数多于年休假天数的;

(2)职工请事假累计 20 天以上且单位按照规定不扣工资的;

(3)累计工作满 1 年不满 10 年的职工,请病假累计 2 个月以上的;

（4）累计工作满 10 年不满 20 年的职工，请病假累计 3 个月以上的；

（5）累计工作满 20 年以上的职工，请病假累计 4 个月以上的。

第一点，如学校的在职员工，每年都有寒暑假两大假期，教职员工享受的寒暑假天数，寒假 2 周至 3 周，暑假 5 周至 6 周，这样的时间已经远远超过条例规定的年休假天数，因此，不享受当年的年休假。确因工作需要，职工享受的寒暑假天数少于其年休假天数的，用人单位应当安排补足年休假天数。

第二三四五点都是关于事假和病假的情况，在保障职工年休假权利的同时，也要保证单位正常的工作秩序，对于较长时间休病假、请事假的职工，法律规定不应当再享受年休假待遇。

值得注意的是，有人提出，将带薪年休假和探亲假进行冲抵。探亲假是劳动者在外地上班，不能与父母或者配偶在节假日团聚的，用人单位继续给劳动者发放劳动报酬，允许劳动者不上班去外地探望父母或配偶的的一种福利制度。带薪年休假和探亲假是不同的休假制度，不应该进行冲抵。如果，你所在的用人单位提出让你的带薪年休假冲抵探亲假，你可以拒绝。

《企业职工带薪年休假实施办法》第六条规定，职工依法享受的探亲假、婚丧假、产假等国家规定的假期以及因工伤停工留薪期间不计入年休假假期。

用人单位可以根据生产、工作的具体情况，并考虑职工本人意愿，统筹安排职工年休假。年休假在 1 个年度内可以集中安排，也可以分段安排，一般不跨年度安排。单位因生产、工作特点确有必要跨年度安排职工年休假的，可以跨 1 个年度安排。

单位确因工作需要不能安排职工休年休假的，经职工本人同意，可以不安排职工休年休假。对职工应休未休的年休假天数，单位应当按照该职工日工资收入的300%支付年休假工资报酬。这是《职工带薪年休假条例》中第五条关于年休假安排的规定。也就是说,如果用人单位没有给劳动者安排当年度的带薪年休假,其后果等同于用人单位在法定节假日安排了劳动者上班工作,需要根据《劳动合同法》的相关规定向劳动者支付按照职工日工资收入的300%年休假工资报酬。但是这两者还是有区别的。带薪年休假的300%工资报酬中已经包含了用人单位支付职工正常工作期间的工资收入部分。也就是说,到时候单位只需要额外支付200%的日工资报酬就行了。在确定工资基数的时候,需要减去加班费、奖金等劳动者的偶然性收入。《职工带薪年休假实施条例》第十一条规定,计算未休年休假工资报酬的日工资收入按照职工本人的月工资除以月计薪天数(21.75天)进行折算。

前款所称月工资是指职工在用人单位支付其未休年休假工资报酬前12个月剔除加班工资后的月平均工资。在本用人单位工作时间不满12个月的,按实际月份计算月平均工资。

《职工带薪年休假条例》第六条规定,县级以上地方人民政府人事部门、劳动保障部门应当依据职权对单位执行本条例的情况主动进行监督检查。

工会组织依法维护职工的年休假权利。

最后有个问题,带薪年休假的权利,劳动者可以放弃吗? 有什么效力?

我们认为如果是因为劳动者个人的原因以书面的形式放弃休假申请或者当用人单位安排劳动者享受年休假,因劳动者个人原因不能如期使用年休假的,应该视为劳动者放弃了当年的年休假,并且劳动者由于个人原因放弃的年休假,就无法再享受300%的年休假工资报酬了。

如果单位不安排劳动者享受带薪年休假又不依照《职工带薪年休

假条例》规定给予年休假工资报酬的,由县级以上地方人民政府人事部门或者劳动保障部门依据职权责令限期改正;对逾期不改正的,除责令该单位支付年休假工资报酬外, 单位还应当按照年休假工资报酬的数额向职工加付赔偿金;对拒不支付年休假工资报酬、赔偿金的,属于公务员和参照公务员法管理的人员所在单位的, 对直接负责的主管人员以及其他直接责任人员依法给予处分;属于其他单位的,由劳动保障部门、人事部门或者职工申请人民法院强制执行。

22.单位有义务培训劳动者吗?

案例:

　　小金在大学里学的是英语专业,但是不知道是怎么回事,阴错阳差的进了一家公司做了财务,等于说在工作中从头开始,小金也知道自己专业知识的欠缺,于是在于单位签订劳动合同的时候,要求单位向自己提供职业培训,单位也同意了。于是在劳动合同中约定,公司负责对员工进行职业培训。小金上岗后,公司确一直没有对她进行培训,由于工作的专业性强,这使得小金感到压力重重,于是就要求公司对其进行培训。但是单位一直就以各种理由推脱。

　　那么,请问,单位是够具有培训劳动者的义务呢?

专家解析:

　　《劳动法》第三条规定:"劳动者享有接受职业技能培训的权利。"其中《劳动法》中的第八章专门针对职业培训进行了规定,国家通过各种途径,采取各种措施,发展职业培训事业,开发劳动者的职业技能,提高劳动者素质,增强劳动者的就业能力和工作能力。各级人民政府应当把发展职业培训纳入社会经济发展的规划,鼓励和支持有条件的企业、事业组织、社会团体和个人进行各种形式的职业培训。同时,还明确规定了用人单位的培训制度,《劳动法》第六十八条规定:用人单位应当建立职业培训制度,按照国家规定提取和使用职业培训经费,根据本单位实际,有计划地对劳动者进行职业培训。

从事技术工种的劳动者,上岗前必须经过培训。

国家确定职业分类,对规定的职业制定职业技能标准,实行职业资格证书制度,由经过政府批准的考核鉴定机构负责对劳动者实施职业技能考核鉴定。

因此,用人单位对劳动者的职业培训是用人单位的义务,劳动者的权利。本案例中的小金有权要求用人单位履行自己法律规定的义务,及时为劳动者提供职业培训。如果公司拒绝,劳动者可以向劳动保障部门申请权利保护。

专家支招:

在社会迅速发展的今天,分工只会越来越细,对劳动者的专业素养要求也只能会是越来越高。为了适应经济和社会发展的需要,对劳动者进行的培训,不仅可以增强劳动者自身的职业素质,加强职业技能,使职工更改的完成工作任务,也可以提高企业的经济效益,提高企业在行业内的竞争力,占据市场份额。因此,职业培训对劳动者与用人单位来说都是一个双赢的举措。

我国的《职业教育法》明确了用人单位对劳动者进行职业教育的义务,其中第二十条规定企业应当根据本单位的实际,有计划地对本单位的职工和准备录用的人员实施职业教育。

企业可以单独举办或者联合举办职业学校、职业培训机构,也可以委托学校、职业培训机构对本单位的职工和准备录用的人员实施职业教育

最重要的一部法律是 1996 年 10 月 30 日,劳动部与国家经济贸易委员会共同颁布了的《企业职工培训规定》。它对用人单位与劳动者之间展开职业培训工作、参加职业培训的权利义务都进行了详细明确的规定。

《企业职工培训规定》把职业培训定义了一下,它认为职工培训是指企业按照工作需要对职工进行的思想政治、职业道德、管理知识、技术业务、操作技能等方面的教育和训练活动。企业职工培训应以培养有理想、有道德、有文化、有纪律、掌握职业技能的职工队伍为目标,促进企业职工队伍整体素质的提高。企业职工培训应贯彻按需施教、学用结合、定向培训的原则。

政府部门需要负责本地区的职业培训工作,行业需要负责指导协调本行业职工培训工作,依法制定本行业职工培训规划、组织编写职工培训计划、大纲、教材和培训师资。

关于用人单位的给予劳动者的培训业务主要体现于,企业应建立健全职工培训的规章制度,根据本单位的实际对职工进行在岗、转岗、晋升、转业培训,对学徒及其他新录用人员进行上岗前的培训。企业应将职工培训列入本单位的中长期规划和年度计划,保证培训经费和其他培训条件。

培训期间,用人单位还是需要向劳动者支付基本的工资报酬、奖金及其相关福利待遇,当然,劳动者与用人单位双方要是针对这一项内容专门有约定,应该服从专门约定的安排。

其中对特殊的人员法律有特殊的职业上岗要求，如国有大中型企业高层管理人员应按照国家有关规定参加职业资格培训，并在规定的期限内取得职业资格证书。从事技术工种的职工必须经过技术等级培训，参加职业技能鉴定，取得职业资格证书(技术等级证书)方能上岗。从事特种作业的职工，必须按照国家规定经过培训考核，并取得特种作业资格证书方能上岗。

劳动者与用人单位之间的在培训期间的权利义务还可以通过培训合同进行体现，培训合同中应该明确培训目标、内容、形式、期限、双方的权利和义务以及违约责任。而且法律要求如果劳动者参加的培训是由用人单位承担培训经费脱产或者半脱产的，应当订立劳动者与用人单位之间的培训合同。

在培训过程中，应按照国家规定和企业安排参加培训，自觉遵守培训的各项规章制度，并有义务向本企业其他职工传授所学的知识和技能。职工应履行培训合同规定的各项义务，服从单位工作安排，搞好本职工作。

法律也对职业培训的保障进行了规定，企业可以根据需要，单独或联合设立职工培训机构并报企业主管部门备案，也可以委托社会公共培训机构进行培训。

企业应按国家有关规定配备职工培训专职教师和管理人员。

职工培训专职教师、管理人员的职称评定、职务聘任、晋级、调资、奖励、住房和生活福利等方面应与普通教育教学人员或专业技术人员同等对待。

《企业职工培训规定》第二十一条规定，企业应按照以下国家规定提取、使用职工培训经费：

(一)职工培训经费按照职工工资总额的 1.5% 计取，企业自有资金

可有适当部分用于职工培训;

（二）职工培训经费应根据企业需要,安排合理比例用于职工技能培训;

（三）企业用于引进项目、技术改造项目的技术培训费用可以在项目中列支;

（四）工会用于职工业余教育的经费由各级工会掌握使用;

（五）企业职工培训经费应合理使用,当年结余的可结转到下一年使用。

第二十二条规定:企业可以对尊师重教的厂长、经理、教学成绩显著的职工培训机构和岗位成才的优秀职工进行表彰奖励。

这个职业培训其实在现实中会产生很多问题,下面就一一向读者进行解答:

（1）劳动者解除劳动合同时,是否应当赔偿用人单位为其支付的培训费?

劳动者解除劳动合同时,要赔偿用人单位为其支付的培训费,是需要满足一定的条件的,首先,劳动者与用人单位之间的劳动合同或者培训合同中如果对关于职业培训费有约定的,应该从约定。其次,劳动者是违约解除了劳动合同,而非仅仅劳动合同期满终止。最后,赔偿的费用多少的举证责任在有用人单位,也就是说用人单位必须要有其为劳动者支付了职业培训费用的支付凭证,如培训单位开具的发票等。

（2）如果用人单位不进行培训,劳动者该如何救济自己的合法权益呢?

如果劳动者确有证据证明用人单位没有履行职业培训义务,劳动者可以依法向劳动争议仲裁委员会提起劳动仲裁,要求用人单位依约履行义务或承担违约责任。对于那些不按国家规定开展职业培训、不按国家规定使用培训经费或将培训经费挪作他用的用人单位,根据《企业职工培训规定》第二十四条的规定:由政府劳动行政部门或经济综合部门对其直接责任者和企业法定代表人给予批评教育,责令改正。劳动者可依法向有关部门举报。

（3）法律对培训机构有什么要求？

《企业职工培训规定》第二十七条规定:承担职工培训任务的培训机构违反本规定,有下列情形之一的,由政府劳动行政部门或经济综合部门给予批评教育,情节严重的可取消培训资格:

①教学管理混乱,培训质量不高,考核质量低劣的;

②侵害受培训职工权益,情节严重的;

③违反国家规定乱办班、乱收费、乱发证的;

④截留、挪用培训经费的。

23.劳动者有权组织工会吗?

案例:

小王大学毕业后,就自己进行了创业,并于2005了创办了一家以服装制造为主业的私营企业。成立之初,公司的规模相对较小,员工也只有10多位,小王就经常利用下班时间给自己充电,学习了很多先进的经营方针,平时也经常跟企业家门探讨治理企业、扩大规模的经验。之后,由于小王的经营有方,企业获得了较大的发展,规模也不断地扩大,到2009年初,该私营企业已有100多人,营业模式也从之前单一的服装制造转变为投资类金融业务。小王为了加快企业成长的步伐,经常安排员工加班加点。由于小王的公司一直没有成立工会，员工中有些受过高等教育的人就站出来建议小王要成立公司的工会，以工会来保护自己的合法权益。其中就有车间的主任刘某向当地劳动保障行政部门和当地市总工会咨询了组建工会的有关事宜，以此来维护自己的合法权益。接着，他们就把这个意见跟小王说了，但是小王听了觉得很不可思议，认为工会只能在国有企业搞，像小王公司这样的私营企业是不需要工会的。

那么，请问，小王的想法有法律依据吗？要是小王还是不同意组建工会，身为员工的刘某等人该行使怎样的法律武器保护自己的合法权益呢？

专家解析：

根据《中华人民共和国工会法》的有关规定，工会是职工自愿结合的工人阶级的群众组织。中华全国总工会及其各工会组织代表职工的利益，依法维护职工的合法权益。

在中国境内的企业、事业单位、机关中以工资收入为主要生活来源的体力劳动者和脑力劳动者，不分民族、种族、性别、职业、宗教信仰、教育程度，都有依法参加和组织工会的权利。任何组织和个人不得阻挠和限制。

由此可知，劳动者依法有权自行组织工会，不论其所在的企业是什么性质，国企也好、私营企业也好、外企也罢，都应该组建工会组织。

本案例中的小王以自己的公司是私营企业为理由，不同意刘某等劳动者建立自己的企业的工会是不符合法律规定的。

本案例中的刘某等劳动者可以向有关劳动行政部门和总工会寻求帮助。

专家支招：

工会是劳动者自愿组织的在企业内部的基础群众组织。我国为了保障工会在国家政治、经济和社会生活中的地位，充分发挥工会在社会主义现代化建设事业中的作用，专门出台了一部《中华人民共和国工会法》以此来保障和确定工会的权利义务。

每个劳动者无论其所在的单位是私营企业、事业单位还是机关，无论其从事的脑力劳动还是体力劳动，且不分民族、种族、性别、职业、宗教信仰、教育程度，都有依法参加和组织工会的权利。任何组织和个人都不得阻挠和限制。

工会必须遵守和维护宪法，以宪法为根本的活动准则，以经济建设为中心，坚持社会主义道路、坚持人民民主专政、坚持中国共产党的领导、坚持马克思列宁主义毛泽东思想邓小平理论，坚持改革开放，依照工会章程独立自主地开展工作。

工会的主要作用体现在组织和教育职工依照宪法和法律的规定行使民主权利，发挥国家主人翁的作用，通过各种途径和形式，参与管理国家事务、管理经济和文化事业、管理社会事务；协助人民政府开展工作，维护工人阶级领导的、以工农联盟为基础的人民民主专政的社会主义国家政权。

工会通过平等协商和集体合同制度，协调劳动关系，维护企业职工劳动权益。

工会依照法律规定通过职工代表大会或者其他形式，组织职工参与本单位的民主决策、民主管理和民主监督。

下面来谈一谈工会组织怎么建立起来的。

（1）首先，工会各级组织都是按照民主集中制的原则来建立的。《工会法》第九条规定:各级工会委员会由会员大会或者会员代表大会民主选举产生。企业主要负责人的近亲属不得作为本企业基层工会委员会成员的人选。

各级工会委员会向同级会员大会或者会员代表大会负责并报告工作,接受其监督。

工会会员大会或者会员代表大会有权撤换或者罢免其所选举的代表或者工会委员会组成人员。

上级工会组织领导下级工会组织。

(2)其次,《工会法》中对于企业或组织在什么规模需要建立工会进行了详细的规定,第十条:企业、事业单位、机关有会员二十五人以上的,应当建立基层工会委员会;不足二十五人的,可以单独建立基层工会委员会,也可以由两个以上单位的会员联合建立基层工会委员会,也可以选举组织员一人,组织会员开展活动。女职工人数较多的,可以建立工会女职工委员会,在同级工会领导下开展工作;女职工人数较少的,可以在工会委员会中设女职工委员。

企业职工较多的乡镇、城市街道,可以建立基层工会的联合会。

县级以上地方建立地方各级总工会。

同一行业或者性质相近的几个行业,可以根据需要建立全国的或者地方的产业工会。

全国建立统一的中华全国总工会。

(3)接着,《工会法》对于工会组织的审批程序也进行了详细的规定,如第十一条:基层工会、地方各级总工会、全国或者地方产业工会组织的建立,必须报上一级工会批准。

上级工会可以派员帮助和指导企业职工组建工会,任何单位和个人不得阻挠。

任何组织和个人不得随意撤销、合并工会组织。

基层工会所在的企业终止或者所在的事业单位、机关被撤销,该工会组织相应撤销,并报告上一级工会。

依前款规定被撤销的工会,其会员的会籍可以继续保留,具体管理办法由中华全国总工会制定。

职工二百人以上的企业、事业单位的工会,可以设专职工会主席。工会专职工作人员的人数由工会与企业、事业单位协商确定。

中华全国总工会、地方总工会、产业工会具有社会团体法人资格。

基层工会组织具备民法通则规定的法人条件的,依法取得社会团体法人资格。

基层工会委员会每届任期三年或者五年。各级地方总工会委员会和产业工会委员会每届任期五年。

基层工会委员会定期召开会员大会或者会员代表大会,讨论决定工会工作的重大问题。经基层工会委员会或者三分之一以上的工会会员提议,可以临时召开会员大会或者会员代表大会。

工会主席、副主席任期未满时,不得随意调动其工作。因工作需要调动时,应当征得本级工会委员会和上一级工会的同意。

罢免工会主席、副主席必须召开会员大会或者会员代表大会讨论,非经会员大会全体会员或者会员代表大会全体代表过半数通过,不得罢免。

基层工会专职主席、副主席或者委员自任职之日起,其劳动合同期限自动延长,延长期限相当于其任职期间;非专职主席、副主席或者委员自任职之日起,其尚未履行的劳动合同期限短于任期的,劳动合同期限自动延长至任期期满。但是,任职期间个人严重过失或者达到法定退休年龄的除外。

（4）工会具体有什么权利和义务，《工会法》中也进行了详细的规定。第三章就是专门明确工会的权利义务的。

第十九条：企业、事业单位违反职工代表大会制度和其他民主管理制度，工会有权要求纠正，保障职工依法行使民主管理的权利。

法律、法规规定应当提交职工大会或者职工代表大会审议、通过、决定的事项，企业、事业单位应当依法办理。

第二十条：工会帮助、指导职工与企业以及实行企业化管理的事业单位签订劳动合同。

工会代表职工与企业以及实行企业化管理的事业单位进行平等协商，签订集体合同。集体合同草案应当提交职工代表大会或者全体职工讨论通过。

工会签订集体合同，上级工会应当给予支持和帮助。

企业违反集体合同，侵犯职工劳动权益的，工会可以依法要求企业承担责任；因履行集体合同发生争议，经协商解决不成的，工会可以向劳动争议仲裁机构提请仲裁，仲裁机构不予受理或者对仲裁裁决不服的，可以向人民法院提起诉讼。

企业、事业单位处分职工，工会认为不适当的，有权提出意见。

企业单方面解除职工劳动合同时，应当事先将理由通知工会，工会认为企业违反法律、法规和有关合同，要求重新研究处理时，企业应当研究工会的意见，并将处理结果书面通知工会。

职工认为企业侵犯其劳动权益而申请劳动争议仲裁或者向人民法院提起诉讼的，工会应当给予支持和帮助。

企业、事业单位违反劳动法律、法规规定，有下列侵犯职工劳动权益情形，工会应当代表职工与企业、事业单位交涉，要求企业、事业单位采取措施予以改正；企业、事业单位应当予以研究处理，并向工会作出

答复;企业、事业单位拒不改正的,工会可以请求当地人民政府依法作出处理:

(一)克扣职工工资的;

(二)不提供劳动安全卫生条件的;

(三)随意延长劳动时间的;

(四)侵犯女职工和未成年工特殊权益的;

(五)其他严重侵犯职工劳动权益的。

工会依照国家规定对新建、扩建企业和技术改造工程中的劳动条件和安全卫生设施与主体工程同时设计、同时施工、同时投产使用进行监督。对工会提出的意见,企业或者主管部门应当认真处理,并将处理结果书面通知工会。

工会发现企业违章指挥、强令工人冒险作业,或者生产过程中发现明显重大事故隐患和职业危害,有权提出解决的建议,企业应当及时研究答复;发现危及职工生命安全的情况时,工会有权向企业建议组织职工撤离危险现场,企业必须及时作出处理决定。

工会有权对企业、事业单位侵犯职工合法权益的问题进行调查,有关单位应当予以协助。

职工因工伤亡事故和其他严重危害职工健康问题的调查处理,必须有工会参加。工会应当向有关部门提出处理意见,并有权要求追究直接负责的主管人员和有关责任人员的责任。对工会提出的意见,应当及时研究,给予答复。

企业、事业单位发生停工、怠工事件,工会应当代表职工同企业、事业单位或者有关方面协商,反映职工的意见和要求并提出解决意见。对于职工的合理要求,企业、事业单位应当予以解决。工会协助企业、事业单位做好工作,尽快恢复生产、工作秩序。

工会参加企业的劳动争议调解工作。

地方劳动争议仲裁组织应当有同级工会代表参加。

县级以上各级总工会可以为所属工会和职工提供法律服务。

工会协助企业、事业单位、机关办好职工集体福利事业,做好工资、劳动安全卫生和社会保险工作。

工会同企业、事业单位教育职工以国家主人翁态度对待劳动,爱护国家和企业的财产,组织职工开展群众性的合理化建议、技术革新活动,进行业余文化技术学习和职工培训,组织职工开展文娱、体育活动。

政府委托,工会与有关部门共同做好劳动模范和先进生产(工作)者的评选、表彰、培养和管理工作。

国家机关在组织起草或者修改直接涉及职工切身利益的法律、法规、规章时,应当听取工会意见。县级以上各级人民政府制定国民经济和社会发展计划,对涉及职工利益的重大问题,应当听取同级工会的意见。

县级以上各级人民政府及其有关部门研究制定劳动就业、工资、劳动安全卫生、社会保险等涉及职工切身利益的政策、措施时,应当吸收同级工会参加研究,听取工会意见。

县级以上地方各级人民政府可以召开会议或者采取适当方式,向同级工会通报政府的重要的工作部署和与工会工作有关的行政措施,研究解决工会反映的职工群众的意见和要求。各级人民政府劳动行政部门应当会同同级工会和企业方面代表,建立劳动关系三方协商机制,共同研究解决劳动关系方面的重大问题。

(5)工会的经费哪里来?

工会的经费来源主要有工会会员缴纳的会费、组建工会组织的企业、事业单位、机关按照每月全部职工工资总额的百分之二向工会拨缴的经费、工会所属的企业、事业单位上缴的收入以及人民政府的补助。工会经费只能专款专用,用于为职工服务和开展工会活动,不得用于其他项目的开支。如果事业单位、企业没有正当理由拖延或者拒不拨缴工会经费,基层工会或者上级工会可以向当地人民法院申请支付令;拒不执行支付令的,工会可以依法申请人民法院强制执行。

各级工会经费收支情况应当由同级工会经费审查委员会审查,并且定期向会员大会或者会员代表大会报告,接受监督。工会会员大会或者会员代表大会有权对经费使用情况提出意见。

工会经费的使用应当依法接受国家的监督。

各级人民政府和企业、事业单位、机关应当为工会办公和开展活动,提供必要的设施和活动场所等物质条件。

工会的财产、经费和国家拨给工会使用的不动产,任何组织和个人不得侵占、挪用和任意调拨。

(6)工会的登记制度

《基层工会法人资格登记办法》中的第四条规定了基层工会申请取得工会法人资格应具备的条件:

(一)依照《中华人民共和国工会法》和《中国工会章程》的规定成立;

(二)有健全的组织机构和经过民主程序选举产生的工会主席或者主持工作的副主席;

(三)有自己的工作场所,能正常开展工会各项工作;

(四)工会经费来源稳定,能够独立支配和使用工会经费;

(五)能依法独立承担民事责任。

基层工会法人资格的核准、登记、发证机关,按属地原则及组织隶属关系而定:

（一）隶属于县（县级市、旗、区、局）及县以下工会的，由县（县级市、旗、区、局）工会审查，报市、地工会核准、登记、发证；

（二）隶属于市、地工会的，由市、地工会审查、核准、登记、发证；

（三）隶属于省级工会（含省属单位）的，由省级工会审查、核准、登记、发证；

（四）隶属于铁路、民航、金融等产业工会的基层工会，由所在地相应的省、市级工会审查、核准、登记、发证后，报相应的上一级产业工会备案。

基层工会申请法人资格时，需要向自己的核准、登记机关报送基层工会法人资格申请登记表、上级工会出具的基层工会成立的证明、自有经费和财产证明等材料。审查登记机关自收到申请登记表之日起的30日内对有关材料进行审查核准，审查合格者，办理登记手续，发放《工会法人资格证书》及其副本和《工会法人法定代表人证书》，并可在地方报刊上发布公告，同时报上一级工会备案。

审查登记机关对不符合登记条件的申请，应在审查后及时通知该基层工会，并说明不予登记的理由。

审查登记机关还需要做好基层工会法人资格登记工作的档案管理工作，以便日后查询等事宜。

《工会法人资格证书》及其副本和《工会法人法定代表人证书》不得涂改、转让和出借。遗失的，应当及时声明作废，并向负责登记发证的机关申请补发。

取得工会法人资格的基层工会变更名称或者法定代表人（含换届选举），应当在变更后的30日内及时向审查登记机关申请办理变更登记手续。

取得工会法人资格的基层工会因所在的企业破产或者企业、事业单位、机关被撤销而依法撤销的,应向原审查登记机关办理注销登记手续, 并提交法定代表人签署的注销申请书和上级工会关于该基层工会经费、财产清理及债权债务完结的证明。经原审查登记机关审查后,收回原发证书,并可在地方报刊上向社会公告,同时报上一级工会备案。

24.单位欺诈劳动者签订的劳动合同有效吗?

案例:

　　某地某橡胶公司是专门生产工用橡胶的, 它的生产工厂在某地的郊外。起初规模不是很大,后来,随着老板的经营方针的改变,在同行业中获得了越来越多的利润,也就决定扩大公司规模。扩大规模的同时当然要招聘多名新员工。于是,公司的人力资源部门开始了招聘工作。招聘的岗位都是生产流水工。由于生活条件的改善,大家都不愿意做生产型的工作,而且工作地点都是在某地郊外,距离某地还有2个小时的车程。于是,招工出现了困境。公司领导决定向劳动者隐瞒工作地点在某地郊外的真实情况,然后在劳动合同中约定"劳动者需要无条件服从公司关于工作的安排"。果然,公司招聘的情况得到了改善。小马就是其中应聘成功的一员,与公司也是顺利签订了劳动合同。但是签订劳动合同的时候,小马被告知他的工作地点是在某地市区。的确,前一个月的工作地点就是在某地市区,主要以熟悉公司的相关文件、制度为主。后来,小马被告知他的工作地点被安排到了某地郊外, 而且做的工作是生产型为主。小马这下着急了,情急之下,就求助于某地当地的法律援助中心。

那么,请问,如果你是某地当地法律援助中心的工作人员,你会向小马提供什么可行的、合法的意见来维护小马的合法权益呢?

专家解析:

本案例中的某地某橡胶公司为了达到如期招到员工的目的,不惜通过隐瞒劳动条件、工作地点、工种,变相利用劳动合同中的条款来规避自己的告知劳动者义务,使劳动者在不知情的情况下,签订了劳动合同,这样的劳动合同根据《劳动合同法》中的第二十六条的规定,用人单位以欺诈、胁迫的手段或者乘人之危,使劳动者在违背真实意思的情况下订立或者变更劳动合同的,劳动合同无效或者部分无效。其中劳动合同的无效或者部分无效的区分标准就是该条款是不是劳动合同中所必备的条款。像本案例中的用人单位隐瞒了劳动合同的必备条款——工作地点,就应该构成劳动合同整个合同的无效。

因此,本案例中劳动者可以与用人单位协商,指出劳动合同的无效,如果用人单位不认可,认为劳动合同中的"劳动者需要无条件服从公司关于工作的安排"可以达到免责的效果,小马作为劳动者可以请求劳动争议仲裁机构或者人民法院确认劳动合同的效力。如果,小马已经付出了自己的劳动工作,在劳动合同被确认无效后,可以要求某地这家橡胶公司按照公司相同岗位或者近似岗位的劳动者的劳动报酬确定报酬数额。

专家支招:

这里涉及一个很重要的问题就是劳动合同的效力问题。首先,我们需要明白的是劳动合同也是民事合同的一种。一般民事合同的生效要件对于劳动合同来说都是适用的。一般来说,合同成立即生效。合同的成立要件主要有:合法主体,即合同主体具有完全的民事行为能努力,具体就是指年满 16 周岁以上或者成年的具有完全意思能力的人；意思表示一致，通俗一点说就是双方对于合同的条款都是认可且同意的；具有合法的标的，如不能涉及法律、法规禁止的交易物等。合同的生效要件就比合同的成立要件要严格很多，生效是指合同的约定符合法律的规定，对于合同双方来说均具有法律效力。其又分为实质要件和形式要件。其中实质要件是指合同当事人双方在缔约时均具有民事行为能力、意思表示真实、不违法法律和社会公共利益。形式要件包括法律、行政法规规定应当办理批准、登记等手续生效的，如办理房产抵押的合同需要去房管局进行登记，抵押合同才能生效；或者双方当事人约定在一定条件成就或者解除时或者一定期限达到时生效。

《合同法》对合同可撤销和无效的情形都进行了规定，其中可撤销的情况包括因重大误解订立的合同；订立合同时显失公平的；一方以欺诈、胁迫的手段或乘人之危，使对方在违背真实意思的情况下订立的合同。这三种情况下，受损害方都有权请求人民法院或仲裁机构变更或撤销这样的合同。其中无效的合同主要见于《民法通则》及《合同法》的相关规定，无效合同的范围主要包括以下几种：订立合同的民事主体不合格，即订立合同的当事人不具有相应的民事权利能力或民事行为能力；一方以欺诈、胁迫的手段订立的合同，损害国家利益；恶意串通，损害国家、集体或第三者利益；以合法形式掩盖非法目的；损害社会公共利益；违反法律、行政法规的强行性规定。

劳动合同作为特殊的合同要想达到法律规定和认可的法律效力，也需要满足一定的成立要件和生效要件，《合同法》规定的那些要件都是劳动合同成立和生效的基本要件，除此之外，还需要满足特殊的条件，也是分为实质要件和形式要件，实质要件是指需要具备劳动合同所需要的基本条款，形式要件是指需要满足书面形式的规定。

那么,哪些情况下劳动合同无效呢。《劳动合同法》第二十六条规定,下列劳动合同无效或者部分无效:

(一)以欺诈、胁迫的手段或者乘人之危,使对方在违背真实意思的情况下订立或者变更劳动合同的;

(二)用人单位免除自己的法定责任、排除劳动者权利的;

(三)违反法律、行政法规强制性规定的。

对劳动合同的无效或者部分无效有争议的,由劳动争议仲裁机构或者人民法院确认。

劳动合同被确认无效,劳动者已付出劳动的,用人单位应当向劳动者支付劳动报酬。劳动报酬的数额,参照本单位相同或者相近岗位劳动者的劳动报酬确定。

25.劳动合同期满后,单位需要支付补偿金吗?

案例:

小王是某地人,开始读的是大专,学的是国际贸易专业,毕业后,先去销售的工作,但是工作过程中小王觉得自己的性格也好,专业也好,不适合做销售的工作,于是小王下定决心读了个本科,随后又去读了研究生,后来,进入了一家外贸公司作了跟单员,然后做成了业务员,薪水也是逐渐增加,他与公司的劳动合同从 2010 年 12 月 28 日开始到 2012 年 12 月 27 日止,小王的亲戚也在当地开了一家外贸公司,想让小王过去帮忙,并且给予小王一定的股份,于是小王决定于原来外贸公司的合同到期之后,就不再续签了。当 2012 年 12 月 27 日到了,小王也离开了公司,同时要求公司支付经济补偿金。但是公司却认为合同到期,是小王自己不愿意续签,因此,公司并无义务向劳动者小王支付额外的经济补偿金。无奈之下,小王向当地申请了劳动争议仲裁。

那么,请问,劳动合同期满后,劳动者可以向单位要求支付经济补偿金吗?

专家解析:

劳动合同期满是指劳动合同约定的劳动者与用人单位之间的劳动关心存续期间已经到期,也就是说劳动合同终止。劳动合同期满后,劳动者与用人单位都可以选择续订或者不续订。法律没有强制性规定劳动者或者用人单位有义务续订劳动合同。但是对于不同情况下,经济补偿金的支付是有不同规定的。

本案例中的小王是自己主动提出在与其外贸公司的劳动合同到期后,不主动与用人单位外贸公司续订劳动合同。而且外贸公司也没有降低之前与劳动者之间约定的劳动条件,是小王自己有更好的出路,不愿意与外贸公司续订劳动合同。所以,根据《劳动合同法》的第四十六条的规定,小王不能要求用人单位支付经济补偿金。

专家支招:

《劳动合同法》第四十六条规定了用人单位应当向劳动者支付经济补偿金的各种情况,其中就有劳动合同期满,劳动关系终止的情形。但是法律也对这一情况规定了前提条件,也就说一般情况下,固定期限的劳动合同期满终止后,用人单位应当向劳动者支付相应的经济补偿金,除非用人单位维持了或者提高了劳动合同约定的条件续订劳动合同,劳动者不同意的情形。这种情况下,劳动者就不能向用人单位要求支付相应的经济补偿金了。

这里所谓的用人单位维持或者提高劳动合同约定的条件该如何理解呢？比如说劳动者本来的工作岗位是财务管理，劳动合同到期后，用人单位安排其工作岗位为行政专员，薪资待遇都跟以前财务管理的薪资待遇相同，对于劳动者来说就是降低了劳动合同约定的劳动条件，这样的情况下，劳动者与用人单位之间的劳动合同到期终止后，可以要求用人单位向自己支付相应的劳动经济补偿金。

维持或者提高劳动条件的意思是职务的维持或升职、薪资福利的维持或者增加、工作量的维持或减少、工作地点的维持或者变近、工作环境的维持或者美化提升、劳动保护的维持或者提高，等等。如果不是这样，那就是降低了劳动合同中约定的劳动条件。

那么，维持或者提高劳动合同中约定的劳动条件这一举证责任是在哪一方呢？

根据劳动合同法和相关的司法解释可以得出，这一举证责任是由用人单位承担的，经济补偿金的支付标准是每满一年就需要向劳动者支付一个月的经济补偿金。

26.发生劳动争议后怎么处理？

❀ ❀ ❀

案例：

李某某是某国企的员工，负责原料采购工作，平时经常出差还要加班，李某某就决定向公司提交辞职信，打算终止与用人单位之间的劳动合同。但是单位却不肯同意，而且要求李某某继续履行劳动合同的义务，由此劳动者李某某与国企之间就产生了劳动争议，那么，请问，如果你是李某某,与单位之间发生了劳动争议,你该如何处理呢,有什么途径可以保障自己的合法权益呢?

专家解析:

本案例中,李某某想辞职,用人单位却不肯同意,那么,李某某首先可以做的是可以与自己的用人单位进行充分的协商与沟通,把自己辞职的理由说给用人单位的负责人听,如果协商不成,达不成和解协议,劳动者李某某可以也可以请工会或者第三方共同与用人单位协商,达成和解协议。如果用人单位与劳动者之间不愿意协商或者和解协议达成后一方不履行的,可以向企业的基层调解委员会或者基层调解组织申请调解。如果调解不成或者达成调解协议后不愿意履行的,劳动者或用人单位一方可以向当地的劳动争议仲裁委员会申请仲裁。如果仲裁不成,除《劳动争议调解仲裁法》另有规定的外,可以向人民法院提起诉讼。

专家支招:

首先,这个问题我们首先要搞清楚什么是劳动争议。如在上班过程中劳动者与同事之间的矛盾就不能算是劳动争议,只能算是人际关系的冲突,不是法律意义上的劳动争议。劳动争议的主体必须一方是劳动者,另一方是用人单位。

根据《中华人民共和国企业劳动争议处理条例》的规定,劳动争议处理机构的受案范围是中国境内的企业和职工的下列劳动争议:(1)因开除、除名、辞退职工和职工辞职、自动离职发生的争议;(2)因执行国家有关工资、保险、福利、培训、劳动保护的规定发生的争议;(3)因履行劳动合同发生的争议;(4)法律、法规规定应当依照本条例处理的其他劳动争议,主要有事实劳动关系、用人单位与退休聘用人员发生的争议、退休人员与原用人单位发生的争议等。国家机关、事业单位、社会团体与本单位工人之间，个体工商户与帮工、学徒之间发生的劳动争议参照本条例执行。虽然这一《企业劳动争议处理条例》已于2011年1月8日被废止，但是里面规定的劳动争议类型确是正确的。我们可以拿来借鉴。

其次，发生劳动争议之后，劳动者或者用人单位一方都可以通过以下途径来维护自己的合法权益。劳动者与用人单位可以彼此进行协商和解，通过达成和解协议约定自己的权利义务。还可以通过工会或者第三方机构如基层企业调解委员会或基层调解委员会进行调解解决纠纷，要是调解不成或达成协议后任何一方不愿意履行自己的义务，另一方可以向当地的劳动争议仲裁委员会申请劳动仲裁，如果仲裁不成，除了法律规定的特殊情况外，还可以向法院申请诉讼。

27.劳动仲裁的受理范围是什么？

案例：

老王是1990年进入一家单位进行工作的。签订的无固定期限劳动合同。从1990年12月23日入职以来，单位就一直给老王缴纳社会保险，2012年老王终于退休了，可以享受天伦之乐的幸福。他到社会保险经办机构要求其向自己发放该有的社会保险金，谁知道却碰了一鼻子灰，社会保险机构以老王还没到法定年龄就退休为由拒绝向老王支付该有的社会保险费。于是，老王就以劳动争议为案由，向当地劳动争议仲裁委员会申请仲裁，谁知，当地劳动争议仲裁委员会却以不是劳动仲裁受理范围为由,不给立案。

那么,请问,劳动仲裁的受理范围具体是什么? 案例中的老王可以通过什么途径维护自己的合法权益呢?

专家解析:

本案例中的老王所涉及的纠纷主体是劳动者老王与社会保险机构。而劳动争议的主体一方必须是用人单位,另一方必须是劳动者。所以并不是劳动争议的范畴,不属于当地劳动争议仲裁委员会的受理范围。案例中的老王可以向相关的行政部门申请行政复议,来维护自己的合法权益。

专家支招:

《劳动争议调解仲裁法》中的第二条对劳动争议的范围作了合理的规定:中华人民共和国境内的用人单位与劳动者发生的下列劳动争议,适用本法:

(一)因确认劳动关系发生的争议;

(二)因订立、履行、变更、解除和终止劳动合同发生的争议;

(三)因除名、辞退和辞职、离职发生的争议;

(四)因工作时间、休息休假、社会保险、福利、培训以及劳动保护发生的争议;

(五)因劳动报酬、工伤医疗费、经济补偿或者赔偿金等发生的争议;

(六)法律、法规规定的其他劳动争议。

劳动争议属于特殊的仲裁前置案件,也就是说,劳动争议案件必须经过当地仲裁委员会仲裁,当事人对仲裁结果不服的,在法律规定的期限内向人民法院提起诉讼。

那么,法院受理劳动争议案件的范围又是什么呢?

最高人民法院于2001年4月30日公布的《关于审理劳动争议案件适用法律若干问题的解释》,适当地扩大了人民法院受理劳动争议案件的范围。劳动者与用人单位之间发生的下列纠纷,属于《劳动法》第二条规定的劳动争议,当事人不服劳动争议仲裁委员会作出的裁决,依法向人民法院起诉的,人民法院应当受理。(1)劳动者与用人单位在履行劳动合同过程中发生的纠纷;(2)劳动者与用人单位之间没有订立书面劳动合同,但已形成事实劳动关系后发生的纠纷;(3)劳动者退休后,与尚未参加社会保险统筹的原用人单位因追索养老金、医疗费、工伤保险待遇和其他社会保险费而发生的纠纷。

《最高人民法院关于审理劳动争议案件适用法律若干问题的解释(二)》也对不是属于法律受理的范围作了详细的规定,第七条规定:下列纠纷不属于劳动争议:(一)劳动者请求社会保险经办机构发放社会保险金的纠纷;(二)劳动者与用人单位因住房制度改革产生的公有住房转让纠纷;(三)劳动者对劳动能力鉴定委员会的伤残等级鉴定结论或者对职业病诊断鉴定委员会的职业病诊断鉴定结论的异议纠纷;(四)家庭或者个人与家政服务人员之间的纠纷;(五)个体工匠与帮工、学徒之间的纠纷;(六)农村承包经营户与受雇人之间的纠纷。

下面我们来说说关于劳动争议仲裁委员会的一些知识。关于劳动争议仲裁委员会的规定,我们国家有专门的法律来规定,主要是由全国人民代表大会常务委员会于2007年12月29日颁布的《中华人民共和国劳动争议调解仲裁法》,自2008年5月1日起施行。

(1)仲裁委员会的设置

《劳动争议调解仲裁法》的第十七条规定,劳动争议仲裁委员会按照统筹规划、合理布局和适应实际需要的原则设立。省、自治区人民政府可以决定在市、县设立;直辖市人民政府可以决定在区、县设立。直辖市、设区的市也可以设立一个或者若干个劳动争议仲裁委员会。劳动争议仲裁委员会不按行政区划层层设立。

仲裁委员会的设置于人民法院的设置是不同的。我国的人民法院主要有地方各级人民法院、军事法院、海事法院、铁路法院等专门人民法院和最高人民法院。其中地方各级人民法院分为:基层人民法院、中级人民法院、高级人民法院。

劳动争议仲裁委员会的组成人员应当是单数,如果是双数的话,就不能及时解决劳动者与用人单位之间的劳动争议。一般是有劳动行政部门、工会代表和企业方面的代表组成。依法履行法律规定的职责,聘任、解聘专职或者兼职的仲裁员;受理劳动争议案件;讨论重大或者疑难的劳动争议案件;对仲裁活动进行监督。劳动争议仲裁委员会下设办事机构,负责办理劳动争议仲裁委员会的日常工作。

劳动争议仲裁委员会实行的属地原则,也就是说,劳动争议仲裁委员会只负责管理本区域内发生的劳动争议,如果是外地的劳动争议案件,就不受管辖。

劳动争议由劳动合同履行地或者用人单位所在地的劳动争议仲裁委员会管辖。双方当事人分别向劳动合同履行地和用人单位所在地的劳动争议仲裁委员会申请仲裁的,由劳动合同履行地的劳动争议仲裁委员会管辖。

(2)仲裁员的任职要求

《劳动争议调解仲裁法》第二十条规定了劳动争议仲裁员的任职要求:

(一)曾任审判员的;

(二)从事法律研究、教学工作并具有中级以上职称的;

（三）具有法律知识、从事人力资源管理或者工会等专业工作满五年的；

（四）律师执业满三年的。

（3）劳动争议当事人的确定

一般情况下，劳动争议的当事人一方是劳动者，另一方是用人单位。如果是劳务派遣的话，劳务派遣单位与实际用工单位为共同当事人。与劳动争议案件的处理结果有利害关系的第三人，可以申请参加仲裁活动或者由劳动争议仲裁委员会通知其参加仲裁活动。

那参与劳动仲裁的时候，是不是一定要由本人参加的呢？答案是：不是。也就是说劳动争议的当事人可以委托代理人参加仲裁活动。委托他人参加仲裁活动，应当向劳动争议仲裁委员会提交有委托人签名或者盖章的委托书，委托书应当载明委托事项和权限。

有一种特殊情况就是，丧失或者部分丧失民事行为能力的劳动者，由其法定代理人代为参加仲裁活动；无法定代理人的，由劳动争议仲裁委员会为其指定代理人。劳动者死亡的，由其近亲属或者代理人参加仲裁活动。

劳动争议仲裁公开进行，但当事人协议不公开进行或者涉及国家秘密、商业秘密和个人隐私的除外。

（4）申请仲裁的时效和需要准备的材料有哪些？

《劳动争议调解仲裁法》第二十七条规定了劳动争议仲裁的时效期间为一年。从当事人知道或者应当知道其权利被侵害之日起计算。所以，当劳动者得知自己的权利受到用人单位的侵害后，需要在一年内及时向当地劳动争议仲裁委员会提出劳动争议的仲裁申请，否则可能因为已经超过了仲裁时效而自己的仲裁请求得不到仲裁委员会的支持。

仲裁时效，因当事人一方向对方当事人主张权利，或者向有关部门请求权利救济,或者对方当事人同意履行义务而中断。从中断时起,仲裁时效期间重新计算。

因不可抗力或者有其他正当理由,当事人不能在法律规定的仲裁时效期间申请仲裁的,仲裁时效中止。从中止时效的原因消除之日起,仲裁时效期间继续计算。

劳动关系存续期间因拖欠劳动报酬发生争议的,劳动者申请仲裁不受本条第一款规定的仲裁时效期间的限制;但是,劳动关系终止的,应当自劳动关系终止之日起一年内提出。

《劳动争议调解仲裁法》第二十八条规定了申请人申请劳动仲裁需要向劳动争议仲裁委员会提交的相关材料具体有哪些:书面的仲裁申请书,并按照被申请人热数量提交同数量的副本。其中仲裁申请书需要写明下列内容:

(一)劳动者的姓名、性别、年龄、职业、工作单位和住所,用人单位的名称、住所和法定代表人或者主要负责人的姓名、职务;

(二)仲裁请求和所根据的事实、理由;

(三)证据和证据来源、证人姓名和住所。

书写仲裁申请确有困难的,可以口头申请,由劳动争议仲裁委员会记入笔录,并告知对方当事人。

(5)仲裁庭的组成和仲裁员的回避制度

劳动争议仲裁委员会裁决劳动争议案件实行仲裁庭制。仲裁庭由三名仲裁员组成,设首席仲裁员。简单劳动争议案件可以由一名仲裁员独任仲裁。

劳动争议仲裁委员会应当在受理仲裁申请之日起五日内将仲裁庭的组成情况书面通知当事人。

法律规定了公职人员的回避制度,如民事诉讼和刑事诉讼中均对法院庭审人员的回避制度进行了详细的规定,仲裁庭也不例外,主要见于《劳动争议调解仲裁法》的第三十三条,如果劳动者遇到这样的情况,可以向劳动争议仲裁委员会提出书面或者口头的仲裁员回避申请,情况如下:

(一)是本案当事人或者当事人、代理人的近亲属的;

(二)与本案有利害关系的;

(三)与本案当事人、代理人有其他关系,可能影响公正裁决的;

(四)私自会见当事人、代理人,或者接受当事人、代理人的请客送礼的。

劳动争议仲裁委员会对回避申请应当及时作出决定,并以口头或者书面方式通知当事人。

当然,如果仲裁员有索贿受贿、徇私舞弊、枉法裁决行为的,应当依法承担法律责任。劳动争议仲裁委员会应当将其解聘。

(5)庭审前的准备和开庭时的程序

法律规定,劳动者或者用人单位向劳动争议仲裁委员会申请劳动仲裁是不能收费的,劳动争议仲裁委员会的经费由财政予以保障。

仲裁庭应当在开庭五日前,将开庭日期、地点书面通知双方当事人。当事人有正当理由的,可以在开庭三日前请求延期开庭。是否延期,由劳动争议仲裁委员会决定。

申请人收到书面通知,无正当理由拒不到庭或者未经仲裁庭同意中途退庭的,可以视为撤回仲裁申请。

被申请人收到书面通知,无正当理由拒不到庭或者未经仲裁庭同意中途退庭的,可以缺席裁决。

仲裁庭对专门性问题认为需要鉴定的,可以交由当事人约定的鉴定机构鉴定;当事人没有约定或者无法达成约定的,由仲裁庭指定的鉴定机构鉴定。

根据当事人的请求或者仲裁庭的要求，鉴定机构应当派鉴定人参加开庭。当事人经仲裁庭许可，可以向鉴定人提问。

当事人在仲裁过程中有权进行质证和辩论。质证和辩论终结时，首席仲裁员或者独任仲裁员应当征询当事人的最后意见。

当事人提供的证据经查证属实的，仲裁庭应当将其作为认定事实的根据。

劳动者无法提供由用人单位掌握管理的与仲裁请求有关的证据，仲裁庭可以要求用人单位在指定期限内提供。用人单位在指定期限内不提供的，应当承担不利后果。

仲裁庭应当将开庭情况记入笔录。当事人和其他仲裁参加人认为对自己陈述的记录有遗漏或者差错的，有权申请补正。如果不予补正，应当记录该申请。

笔录由仲裁员、记录人员、当事人和其他仲裁参加人签名或者盖章。

(6)庭审结果和调解结果

当事人申请劳动争议仲裁后，是否可以再对劳动争议进行和解呢？答案是肯定的。也就是说，劳动者与用人单位在申请劳动争议仲裁后，可以自行和解。达成和解协议后，可以向仲裁庭申请撤回仲裁申请。

而且法律也规定，仲裁庭在作出裁决前，应该先行调解。这就跟普通的民事诉讼一样，法院在判决之前，应当就当事人之间关于争议进行调解，可见，无论是人民法院还是劳动争议仲裁庭都是十分重视调解工作的，一方面，公权力机构的调解效力比较高，比较公正；另一方面，也可以节约司法成本，提高判决和仲裁裁决的效率。对于当事人与人民法院或劳动争议仲裁庭来说都是双赢的。调解达成协议的，仲裁庭应当制作调解书。调解书应当写明仲裁请求和当事人协议的结果。调解书由仲裁员签名,加盖劳动争议仲裁委员会印章,送达双方当事人。调解书经双方当事人签收后,发生法律效力。

调解不成或者调解书送达前,一方当事人反悔的,仲裁庭应当及时作出裁决。

仲裁庭裁决劳动争议案件,应当自劳动争议仲裁委员会受理仲裁申请之日起四十五日内结束。案情复杂需要延期的,经劳动争议仲裁委员会主任批准,可以延期并书面通知当事人,但是延长期限不得超过十五日。逾期未作出仲裁裁决的,当事人可以就该劳动争议事项向人民法院提起诉讼。

仲裁庭裁决劳动争议案件时,其中一部分事实已经清楚,可以就该部分先行裁决。

(7)哪些情况下,法律规定仲裁庭可以先予执行或者移送人民法院执行?

我们需要明白,为什么法律需要规定一些特殊的情况下,仲裁庭可以先予执行或者移送人民法院执行? 在一些基本事实比较清晰的劳动争议案件中,如果不先予执行可能会伤害劳动者这一弱势群体的利益,所以法律规定在这样情况下, 劳动争议仲裁庭可以裁决先予执行或者移送人民法院执行。这些特殊的具体情况,主要包括劳动者追索劳动报仇、讨要工伤医疗费用、经济补偿金或者赔偿金的案件。当然,劳动争议仲裁庭裁决先予执行的案件,需要满足一定的条件,如当事人之间的劳动权利义务关系明确,不会存在争议,不先予执行将严重影响申请人的生活。不同于普通民事诉讼的最大不同点就是,普通民事诉讼的先予执行或者证据保全等,均需要申请人提供相应的担保,这里的劳动者向劳动争议仲裁庭申请的先予执行或者移动人民法院执行的, 可以不向仲裁庭提供相应的担保。

如果仲裁庭不能对劳动争议进行调解的话，那就需要对劳动争议进行裁决，裁决的作出是根据多数劳动争议仲裁委员的意见作出，也就是说遵循的是"少数服从多数"的民主集中意见制度，少数不同意见的仲裁员的意见是应当记入庭审笔录。仲裁庭不能形成多数意见时，裁决应当按照首席仲裁员的意见作出。作出仲裁裁决后，就需要制作仲裁裁决书了。裁决书应当载明仲裁请求、争议事实、裁决理由、裁决结果和裁决日期。裁决书由仲裁员签名，加盖劳动争议仲裁委员会印章。对裁决持不同意见的仲裁员，可以签名，也可以不签名。

（8）哪些劳动争议案件时仲裁终局裁决？

在上文提到劳动争议仲裁委员会的受理范围，也提到了人民法院受理劳动争议案件的受理范围，两者的最大区别就是，法律规定了其中某些劳动争议案件的仲裁裁决是终局的，也就是说，这些劳动争议的裁决书自作出之日起发生法律效力。除此之外的劳动争议案件，无论是劳动者还是用人单位均有权在法律规定的期限内向人民法院提起诉讼。因为，劳动争议案件的特殊之处就在于必须经过劳动争议仲裁才能向人民法院提起诉讼，也就是说，劳动争议案件是仲裁前置的案件。

下面这些劳动争议案件，仲裁裁决就是作为终局裁决的：

（一）追索劳动报酬、工伤医疗费、经济补偿或者赔偿金，不超过当地月最低工资标准十二个月金额的争议；

（二）因执行国家的劳动标准在工作时间、休息休假、社会保险等方面发生的争议。

《劳动争议调解仲裁法》第四十八条规定：劳动者对上述规定的仲裁裁决不服的，可以自收到仲裁裁决书之日起十五日内向人民法院提起诉讼。

第四十九条规定：用人单位有证据证明本法第四十七条规定的仲裁裁决有下列情形之一，可以自收到仲裁裁决书之日起三十日内向劳动争议仲裁委员会所在地的中级人民法院申请撤销裁决：

（一）适用法律、法规确有错误的；

（二）劳动争议仲裁委员会无管辖权的；

（三）违反法定程序的；

（四）裁决所根据的证据是伪造的；

（五）对方当事人隐瞒了足以影响公正裁决的证据的；

（六）仲裁员在仲裁该案时有索贿受贿、徇私舞弊、枉法裁决行为的。

人民法院经组成合议庭审查核实裁决有前款规定情形之一的，应当裁定撤销。

仲裁裁决被人民法院裁定撤销的，当事人可以自收到裁定书之日起十五日内就该劳动争议事项向人民法院提起诉讼。

对于除此特殊的劳动争议案件之外，当事人不服仲裁裁决的，也应当在受到仲裁裁决书之日起十五日内向人民法院提起诉讼。

28.劳动者可以向何行政部门投诉？

案例：

老赵遇到了一件很头痛的事情，他是从 2010 年 12 月 12 日进入到一家做玩具的生意的公司上班，其主要工作就是给公司的领导开车，平常就是开着车带着领导去见客户等，虽然工资待遇不是很高，但也不是很忙,还是比较清闲的。老赵也就一直在这家公司做下去了,而且老板平时对他也不错,经常关照他。但是最近老赵的心里作了很大的思想斗争。主要原因是,他经常看见公司的员工被安排在加班,因为订单的增长和利润的提高,而且经常听到同事们抱怨公司既然安排了劳动者进行加班,却不向劳动者支付相应的加班工资报酬。由于现在就业压力的加大,劳动者们也不敢轻易的辞职,或者要求单位向其支付加班工资报酬。老赵为人正直,一直对这个现象是看不下去的。于是决定向有关劳动行政部门投诉公司的此种情况,一方面是为了保障同事们的利益,另一方面也是为了规范公司的用工行为,以免公司在今后的发展道路中走歪路。

现在,老赵的问题就是他不知道该向何个劳动行政部门投诉公司的此种恶劣行为?你们能帮帮他吗?

专家解析:

本案例中的老赵为人很正直,冒着被公司开除的危险也要向有关劳动行政部门投诉关于公司的违法加班行为,这种精神是值得我们广大中国公民所学习的。

《劳动法》和《劳动合同法》中也经常规定,在某些特殊的情况下,可以向劳动行政部门进行投诉,以此来维护劳动者的合法权益。那么,这里所谓的劳动行政部门究竟是什么部门呢?

在我国,劳动行政部门是各级政府专门针对劳动工作实行统一管理和综合管理的一个重要部门。在中央层面,主要是指劳动和社会保障部。在地方主要是指地方上的劳动和社会保障局。因此,本案例中的老赵可以向当地的劳动和社会保障局投诉单位的恶劣行径,来维护广大劳动者的合法权益。

专家支招：

要去向劳动行政部门投诉，就必须弄清各级劳动行政部门的具体职责，才能"对症下药"。下面，就让我们来熟悉一下各级劳动行政部门的具体职责。

中央人民政府的劳动与社会保障部，现在已经与人事部合并，合称为人力资源与社会保障部，主要的工作就是从宏观层面来主管全国的劳动工作，主要内容可以简单地概括为以下几个方面：

(一)起草和制定相关社会保险工作的基本方针、政策、法律法规；

(二)制定促进就业的措施，健全劳动力市场；

(三)建立职业的国家标准，技能鉴定政策，企业职工培训、下岗培训的相关工作，制定人才培养计划等；

(四)制定调节劳动关系的基本方针政策，关于劳动合同、集体劳动合同、工资标准、工作时间、休息休假、女职工和未成年职工的特殊保护政策等制度的制定；

(五)拟定养老、失业、医疗、工伤、生育社会保险的基本政策和基本标准并组织实施和监督检查。

(六)负责劳动和社会保险领域的国际交流与合作，代表政府参加国际劳工组织和其他有关国际组织的活动和工作等。

人力资源与社会保障厅下面内设的机构主要有办公厅、法制司、计划财务司、培训就业司、劳动工资司养老保险司、事业保险司、医疗保险司、工伤保险司、农村社会保险司、社会保险基金监督司、国际合作司、人事教育司、机关党委、离退休干部司。直属单位有机关服务中心、社会保险事业管理中心、信息中心、中国劳动保障科学研究院、劳动科学研究所、国际劳动与信息研究所、社会保险研究所、中国就业培训技术指导中心、教育培训中心、宣传中心、国际交流服务中心、中国劳动学会、中国社会保险学会等。我们可以从他们各自的名字中就可以看出其具体的工作板块和负责内容。

地方劳动行政部门主要是指当地的劳动与社会保障局或者劳动局或者人事与社会保障局或者人力资源与社会保障局等，每个地方的称谓不一样，因地而异。如某地地区的劳动行政部门就是指某地市人力资源与社会保障局，主要负责本地区的劳动工作。具体内容包括就业政策的制定、社会保险政策的制定、劳动力市场的管理、管理劳动工资、管理劳动保护工作、实行劳动监察工作等。如有关《劳动法》规定，用人单位违反国家规定，拖欠或者未足额支付劳动报酬，或者拖欠工伤医疗费、经济补偿或者赔偿金的，劳动者可以向劳动行政部门投诉，劳动行政部门应当依法处理。可见，劳动行政部门在维护劳动者合法权益的过程中有着举足轻重的作用和意义。

《劳动法》第九条规定，"国务院劳动行政部门主管全国劳动工作。" "县级以上地方人民政府劳动行政部门主管本行政区域内的劳动工作。"这一条规定明确了劳动行政部门在劳动工作中的地位和职责。

但是，有一些特殊的情况，劳动行政保障部门应当依法告知投诉人依照劳动争议处理或者诉讼程序办理，而不是仅仅向劳动保障行政部门进行投诉，如应当通过劳动争议处理程序解决的；已经按照劳动争议处理程序申请调解、仲裁的；已经提起劳动争议诉讼的。

29.单位可以扣工资吗？

❀　　❀　　❀

案例：

小舒是土生土长的某地人，大学学的是旅游管理专业，2009 年大学毕业,2010年8月15日进入某地市一家旅行社上班,做的是导游的工作。工作至今仍未签订劳动合同,也未购买社会保险,并且从每月的工资中扣除200元作为押金。公司还规定,员工每迟到一次,就从工资中扣除50元,在办公室吸烟,被行政人员看到的话,也从工资中扣除50元,有一次,小舒又是迟到又是抽烟,就被扣了100元。后来,小舒结了婚,想把自己的老婆小吴也介绍到公司上班,做一些文职类的工作。后来,由于种种原因,小舒的老婆小吴了解了劳动合同,小舒也觉得旅行社的制度过于严苛,正好也有一家别的旅行社想挖他过去上班,就向旅行社提交了辞职信,旅行社也同意与小舒解除劳动合同关系,但是却拒绝了向小舒交每个月从工资中扣减的押金和罚款。于是,无奈之下,小舒就向当地的劳动争议仲裁机构提交了仲裁申请,请求旅行社支付没有签订劳动合同的双倍工资,返还每月从工资中扣除的押金,认为旅行社对于员工的罚款是无效的,申请返还,同时也向仲裁庭要求旅行社支付相应的经济补偿金。

请问,单位可以对劳动者的工资进行克扣吗?

专家解析:

本案例中,小舒的观点是,扣工资相当于罚款,罚款是行政处罚,只有行政机构或者受其委托的机构才可以向行政相对人享有经济罚款权。如工商局对未按照我国的法律法规领取卫生许可证的饭店,进行1000元的罚款。用人单位与劳动者以平等主体的身份订立的劳动合同,主体本身就是平等的,因此,用人单位不能对劳动者的工资进行克扣。

旅行社的观点则是,扣减员工的工资也是为了管理劳动者的客观需要,而且,劳动者本身就是通过劳动合同将自己的劳动力有偿让渡给了用人单位,本就应该服从用人单位的管理手段和管理制度。因此,旅行社克扣劳动者小舒的工资的做法是正确的。

当地仲裁庭认为,单位在一定程度上可以扣减劳动者的工资,但是法律规定了一定的条件和要求(这个会在专家支招里面详细介绍,这里就不展开了)。当然,该旅行社没有给劳动者签订书面的劳动合同,就应该向劳动者支付双倍工资,用人单位也有义务给劳动者缴纳社会保险,因此,未缴纳的期间,该旅行社都需要为小舒补缴。同时,根据我国的《劳动法》和《劳动合同法》的相关规定,该旅行社需要向劳动者小舒支付相关的经济补偿金。

专家支招:

用人单位对劳动者是否享有扣减工资的权利,一直是劳动法领域有争议的话题。之前我国计划经济时代,国家明确以成文法的形式承认用人单位对劳动者是有奖惩权的。这一专门的成文法是1982年4月10日,由国务院颁布的《企业职工奖惩条例》对企业奖惩职工的具体情况进行了详细的分析,如《企业职工奖惩条例》中规定了奖励的类型包括:记功、记大功、晋级、通令嘉奖、授予先进生产(工作)者、劳动模范等荣誉称号,在给予上述奖励时,可以发给一次性奖金;惩罚类型包括:警告、记过、记大过、降级、撤职、留用察看、开除,在给予上述行政处分的同时,可以给予一次性罚款。但是随着市场经济在社会生活中的快速发展,这一部专门针对职工奖惩的《企业职工奖惩条例》,作为计划经济时代的产物,已经不再适用了,于是,2008年1月15日国务院发布了第516号令《国务院关于废止部分行政法规的决定》决定废止《企业职工奖惩条例》。目前为止,关于企业是否能对在职的劳动者进行惩罚,一直是处于真空状态。

　　理论上来说,用人单位与劳动者是平等的民事主体,就像案例中的小舒所理解的那样,是不能对劳动者进行经济处罚的。但是,劳动法上有个劳动者需要赔偿用人单位经济损失的概念,下面着重来介绍一下:

　　主要的法律依据有以下几条:

　　根据《劳动法》的第一百零二条规定,劳动者违反法律规定的条件解除劳动合同或者违反劳动合同中约定的保密事项的,对用人单位造成经济损失的,劳动者应当依法承当赔偿责任。

　　劳动部门关于《违反＜劳动法＞有关劳动合同规定的赔偿办法》第四条规定,如果劳动者违反规定或者劳动合同的约定解除劳动合同,对用人单位生产、经营和工作造成的直接经济损失的,劳动者应当赔偿用人单位经济损失。

　　《工资支付暂行条例》第十六条规定,因劳动者本人给用人单位造成经济损失的,用人单位可以按照劳动合同的约定要求劳动者赔偿经济损失。经济损失的赔偿可以从劳动者本人的工资中扣除。但每月扣除的部分不得超过劳动者当月工资的20%。若扣除后的剩余工资部分低于当地每月工资标准,则按最低工资标准支付。

　　《劳动合同法》中第二十九条规定,用人单位与劳动者应当按照劳动合同的约定,全面履行各自的义务。

　　第九十条规定,劳动者违反本法规定解除劳动合同,或者违反劳动合同中约定的保密义务或者竞业禁止的,给用人单位造成损失的,应当承担赔偿责任。

　　从这些法律规定中可以看出,如果劳动者违反劳动合同中的保密义务、竞业禁止义务或者违法解除了劳动合同,给用人单位造成经济损失、生产经营产生严重影响,用人单位可以要求劳动者赔偿损失。也就是说,用人单位理由充分,是可以对劳动者进行罚款的。但要是无限制的允许用人单位对劳动者进行处罚,无疑不足以保护弱势的劳动者。因此,法律也对用人单位的处罚进行了很多前提性的规定,劳动者在今后的工作中只要熟悉了这些规定,规范自己的劳动行为,监督用人单位的处罚权,在一定程度上就可以维护自己的合法权利了。下面我们就来说说用人单位处罚劳动者的合法合理前提是什么。

(1)用人单位处罚的依据是什么?

用人单位的处罚依据一是法律,二是公司自己制定的规章制度。

《劳动合同法》赋予了用人单位在一定条件下可以解除与劳动者之间的劳动合同。也就是说,《劳动合同法》赋予了用人单位在一定条件下可以辞退劳动者的权利,这算是用人单位对劳动者最严厉的处罚了。这里只谈谈劳动者过错解除劳动合同的情况。

过错性解除劳动合同,顾名思义,就是劳动者在有主观过错的情形下,用人单位可以单方解除劳动合同。主要见于《劳动合同法》第三十九条规定:

劳动者有下列情形之一的,用人单位可以解除劳动合同:

①劳动者在试用期内被证明不符合录用条件的;

②劳动者严重违反用人单位的规章制度的;

③劳动者严重失职,营私舞弊,给用人单位造成重大损失的;

④劳动者同时与其他用人单位建立劳动关系,对完成本单位的工作任务造成严重影响的,或者经用人单位提出,拒不改正的;

⑤劳动者以欺诈、胁迫的手段或者乘人之危,使用人单位在违背真实意思的情况下订立或者变更劳动合同的,而致使劳动合同无效的;

⑥被依法追究刑事责任的。

第二种用人单位可以处罚劳动者的依据,就是用人单位自己制定的规章制度。《劳动合同法》第四条第一款就规定了,用人单位应当依法制定和完善劳动规章制度,保障劳动者享有劳动权利,履行劳动义务。一方面,用人单位制定规章制度为了更好地管理公司的劳动者,规范劳动者的劳动行为,使公司的生产、管理做到有制度可循,一方面,也是为了保障劳动者的合法权利。

(2)规章制度的合法生效要件是什么?

法律规定用人单位可以通过制定规章制度,规范劳动者的权利义务,做到了有法可依。但是用人单位不得随意制定规章制度,也并非所有用人单位制定的规章制度都是具有法律效力的,因此,劳动者要是明确了这些生效要件,就可以监督用人单位制定合法的规章制度了。

用人单位的规章制度生效要件包括实体要件和程序要件两个方面。实体要件方面:主体适格、内容合理合法、不与劳动合同内容相冲突;程序要件方面:经过民主协商程序制定、已经向劳动者公示或者告知。

主体适合,主要是指该规章制度帮必须是公司,而不是公司内部的某一部门或者某一小组。

内容合理合法,是指该规章制度的内容必须符合国家法律、行政法规和政策性法规的规定,如不得规定低于当地最低工资标准、休息休假的权益等;同时还需要遵守公序良俗原则,如不能规定限制劳动者结婚、生子方面的事宜。

通过民主协商程序制定,是指《劳动合同法》第四条第二款中的有关规定,用人单位在制定、修改或者决定有关劳动报酬、工作时间、休息休假、劳动安全卫生、保险福利、职工培训、劳动纪律以及劳动定额管理等直接涉及劳动者切身利益的规章制度或者重大事项时,应当经职工代表大会或者全体职工讨论,提出方案和意见,与工会或者职工代表平等协商确定。

在规章制度和重大事项决定实施过程中，工会或者职工认为不适当的，有权向用人单位提出，通过协商予以修改完善。

用人单位应当将直接涉及劳动者切身利益的规章制度和重大事项决定公示，或者告知劳动者。

已经向劳动者公示或者告知，是指用人单位制定的规章制度需要让劳动者知晓了解，它可以在公司醒目的地方或者通过发放纸质文件让劳动者传阅等。毕竟，用人单位制定的规章制度是用来规范劳动者的权利义务的，肯定是要告知劳动者相关内容的。

（3）处罚有没有上限的规定？

《工资支付暂行条例》第十六条规定，因劳动者本人给用人单位造成经济损失的，用人单位可以按照劳动合同的约定要求劳动者赔偿经济损失。经济损失的赔偿可以从劳动者本人的工资中扣除。但每月扣除的部分不得超过劳动者当月工资的 20%。若扣除后的剩余工资部分低于当地每月工资标准，则按最低工资标准支付。因此，用人单位扣除劳动者的工资的每月最多不能超过当月工资的 20%。如果，劳动者被扣减工资超过了这个上限，劳动者就可以拒绝用人单位的不合法要求了。

这样规定的目的也是为了保障劳动者的基本生活条件。

30.大学生实习需要缴纳社保吗？

案例：

某市某大学的毕业班同学们，学的是精密仪器专业，2013 年 5 月正准备通过辅导员的联系,与某市某家精密仪器的公司达成协议,安排毕业班的部分学生去这家公司实习,小范就是其中的一位学生。平时也是十分的好学和勤奋。终于,2013年5月份,与小范一起的有6人,前去这家精密仪器公司实习。兴奋紧张之余,他们开始了忙碌的实习。开始,小范被安排在公司的车间进行学习。可是有一天意外发生了,小范的师傅在操作中不小心弄错了程序,他和在一旁的小范都被机器割伤了手指。于是,小范就要求公司向其支付医药费,并且缴纳在实习期间的社会保险。公司认为,在这件事情上,公司没有过错,是劳动者也就是小范的师傅在操作中存在过错,赔偿主体应该是小范的师傅,而不是公司,而且小范与公司的关系也不是劳动法领域规定的用工关系,不存在为小范缴纳社会保险的问题。无奈之下,小范就将某市这家精密仪器公司告上了当地某区的法院,要求公司赔偿自己受伤害的损失以及缴纳实习开始的社保。

那么,请问,小范的诉讼请求能否得到当地某区的法院的支持呢?

专家解析:

1995年劳动部《关于贯彻执行劳动法若干问题的意见》(309号文)明确,在校生利用业余时间勤工俭学,不视为就业,未建立劳动关系,可以不签订劳动合同,因此,在校学生不受劳动法调整和保护。所以,本案例中的小范不能要求公司替其缴纳社会保险。至于,小范在公司实习期间所受到的人身伤害,一方面可以去学校进行索赔,因此,每个学生,学校都替他们缴纳了医疗保险;另一方面,也可以要求公司进行赔偿。因为伤害发生的地点在公司,而且是由于公司员工的不正确操作机器设备导致的,员工的赔偿责任当然由公司承担,事后,如果员工有过错的,用人单位可以向员工进行追偿。所以,本案例中的公司应该向小范赔偿其在公司所遭受的人身损害的医治而产生的医药费。

专家支招：

现在社会的就业竞争压力巨大，尤其是今年，毕业生就业率创造了历史新低，主要原因是人口膨胀，全国高校的扩招继续，毕业生自己眼高手低的原因，等等。很多企业的用人标准都希望是"招来能用"，不想花很多时间、经力、人力、物力培养刚出校门的大学生。在招聘过程中都会要求有某某实习经验，或者成绩优秀，要求附上成绩单等。所以很多在校大学生都利用暑寒假或者毕业前夕去企业实习，一方面，增强自己的实战操作能力，能够在将来的就业应聘中脱颖而出，另一方面，也是为了适应从学生到职场人的阶段，可以在将来的工作做到得心应手。

大学生在实习期间，与单位之间不存在劳动关系，不受劳动法的调整和保护，所以一般的单位都不会办理社保，为降低风险，企业可以为实习生购买人身意外伤害保险或者由学校为学生办理学生实习责任保险。大学生自身如果在单位实习，也可以要求单位为其缴纳商业保险，来维护自己的合法权益，最重要的是在实习期间，小心保护自己的人身安全和健康。

31.用人单位合并了，劳动合同该如何履行？

案例：

某地某家具贸易公司主要的经营内容是家具的生产及销售。自2008年成立以来，经济效益一直一般，一方面，是家具行业本身就是传统行业,没有像电子产品那一类的新型产品那样有着良好的发展态势;另一方面,由于资金的缺乏,公司的规模一直就比较小型。朱某某就是这家家具贸易公司的员工,自 2009 年 10 月 11 日进入公司实习,到 2009 年 11 月 11 日正式入职,做的是家具产品样板打磨工作。公司领导层决定由某地某某集团收购自己的公司,掌握一定的股份,借助某地某某集团的资金优势,顺利开拓其在某省乃至全国的市场。也就是说,某地某家具公司的名字不在存在,其权利义务均有某地某某集团继受。公司合并之后,朱某某的劳动合同也快到期了,当朱某某向公司提出进一步续订劳动合同的时候,却遭到了公司的拒绝。理由是,公司现在由某地某某集团合并,并不是原来的公司,因此,没有义务继续与朱某某签订劳动合同。无奈之下,劳动者朱某某就向当地的劳动争议仲裁委员会提出了仲裁申请,希望可以继续与公司签订劳动合同。

那么,请问,朱某某的仲裁请求能否得到当地某劳动争议仲裁机构的支持呢? 用人单位合并或者分立后,原来的劳动合同该如何继续履行呢?

专家解析:

本案例中的某地某贸易公司与某地某集团合并, 依靠集团的资金优势开拓某省的市场乃至全国的市场的做法, 在现在经济高速发展的社会,已经显得很普遍了。

《劳动合同法》第三十四条规定了这样的情况,劳动合同该如何履行的问题:用人单位发生合并或者分立等情况,原劳动合同继续有效,劳动合同由承继其权利义务的用人单位继续履行。

也就是说, 本案例中的朱某某可以要求现在的某地某集团继续履行其与某地某家具公司的劳动合同,并且在劳动合同期满后,续签劳动合同。

专家支招：

随着经济的发展和改革开放进一步的深入人心，不上用人单位都根据市场的变化和经营的需要，进行了合并和分立。一些用人单位被兼并，一些用人单位根据生产需要，也进行了分立。

其中用人单位的合并一般情况下来说，有两种情形：吸收合并和新设合并。这里涉及到《公司法》的一些知识。我国《公司法》第一百七十三条第一款、第二款规定："公司合并可以采取吸收合并和新设合并两种形式。一个公司吸收其他公司为吸收合并，被吸收的公司解散。二个以上公司合并设立一个新的公司为新设合并，合并各方解散。"像本案例中的合并，就是吸收合并，也就是说某地某某集团，将某地某家具贸易有限公司给吸收了，某地某家具贸易有限公司就不复存在了。如果是新设合并，就是指某地某某集团与某地某家具贸易有限公司合并，然后重新设立一个新的公司或者集团，某地某某集团与某地某家具贸易有限公司都不复存在了。

对于用人单位与其他单位合并后用人单位的认定，《最高人民法院关于审理劳动争议案件适用法律若干问题的解释（一）》第十条第一款前句规定："用人单位与其他单位合并的，合并前发生的劳动争议，由合并后的单位为当事人。"《劳动合同法》第三十四条规定了这样的情况，劳动合同该如何履行的问题：用人单位发生合并或者分立等情况，原劳动合同继续有效，劳动合同由承继其权利义务的用人单位继续履行。这里的合并都包括新设合并和吸收合并两种《公司法》上规定的情况。同时，《公司法》第一百七十三条第四款规定："公司合并时，合并各方的债权、债务，应当由合并后存续的公司或者新设的公司承继。"《合同法》

第九十条规定:"当事人订立合同后合并的,由合并后的法人或者其他组织行使合同权利,履行合同义务。"

通过这几条法条可以看出,不管是新设合并还是吸收合并,合并前劳动者与用人单位发生的劳动争议的有关权利义务,均有合并后的用人单位继受。

当然,我们还需要区分一个概念,那就是合并与兼并的概念区别。根据国家体改委、国家计委、财政部、国家国有资产管理局于 1989 年 2 月 19 日颁布制定的《关于企业兼并的暂行办法》第一条规定:"本办法所称企业兼并,是指一个企业购买其他企业的产权,使其他企业失去法人资格或改变法人实体的一种行为。不通过购买方式实行的企业之间的合并,不属本办法规范。"第四条企业兼并的形式规定:"企业兼并主要有以下几种形式:(1)承担债务式,即在资产与债务等价的情况下,兼并方以承担被兼并方债务为条件接收其资产。(2)购买式,即兼并方出资购买被兼并方企业的资产。(3)吸收股份式,即被兼并企业的所有者将被兼并企业的净资产作为股金投入兼并方,成为兼并方企业的一个股东。(4)控股式,即一个企业通过购买其他企业的股权,达到控股,实现兼并。"

由此可见,合并和兼并在理论上是有区别的,但是根据司法实践来看,这两者的情况是可以等同的。根据《最高人民法院关于审理与企业改制相关的民事纠纷案件若干问题的规定》第一条规定:"人民法院受理以下平等民事主体间在企业产权制度改造中发生的民事纠纷案件:(1)企业公司制改造中发生的民事纠纷;(2)企业股份合作制改造中发生的民事纠纷;(3)企业分立中发生的民事纠纷;(4)企业债权转股权纠纷;(5)企业出售合同纠纷;(6)企业兼并合同纠纷;(7)与企业改制相关的其他民事纠纷。"可以得出以上结论。

用人单位的分立也包括两种情况：存续分立和解散分立。存续分立，是指一个用人单位分成两个用人单位，原来的分立前的公司存在，并没有消失。解散分立，是指一个用人单位分立成两个不同的用人单位，原来的分立前的公司不复存在。

《公司法》第一百七十六条规定，公司分立，其财产作相应的分割。公司分立，应当编制资产负债表及财产清单。公司应当自作出分立决议之日起十日内通知债权人，并于三十日内在报纸上公告。

第一百七十七条规定：公司分立前的债务由分立后的公司承担连带责任。但是，公司在分立前与债权人就债务清偿达成的书面协议另有约定的除外。

《劳动合同法》第三十四条规定了这样的情况，劳动合同该如何履行的问题：用人单位发生合并或者分立等情况，原劳动合同继续有效，劳动合同由承继其权利义务的用人单位继续履行。

这里的分立既包括存续分立，也包括解散分立。为了充分保护劳动者的权利，《公司法》和《劳动合同法》都规定了，用人单位发生分立的，原劳动合同继续有效，防止用人单位以分立后原用人单位不存在或者劳动者权利义务已经转移到新的用人单位为由损害劳动者的合法权益。也可以防止用人单位逃避对劳动者及其他债权人的债务，使分立后的公司承担原来公司的责任就是最好的办法。

我国《民法通则》第四十四第二款规定："企业法人分立、合并，它的权利和义务由变更后的法人享有和承担。"这也是分立后的公司需要承担分立前的公司的相关权利义务的法律依据之一。

32.什么情况下,可以要求用人单位支付赔偿金?

❋ ❋ ❋

案例:

詹某某是某地某地产公司的员工,詹某某自 2005 年 2 月 28 日起与某地某地产地产公司建立劳动关系,任销售部管理人员,双方签订了期限为 2008 年 1 月 1 日至 12 月 31 日的劳动合同,月工资包括基本工资、岗位工资和佣金。2008 年 8 月 1 日,詹某某被确诊为肺结核(无传染性),医师开具的治疗期为 9 个月。2008 年 12 月 31 日,合同到期,但双方均未提出终止合同,詹某某继续在公司上班,双方形成事实劳动关系。2009 年 1 月 31 日,公司以双方合同已在 2008 年 12 月 31 日终止为由,不让詹某某继续到公司上班,并在 2 月 17 日向詹某某发出《关于终止劳动合同的通知》,提出其定于 2008 年 12 月 31 日(即原劳动合同到期日)不再续签劳动合同,终止与詹某某的劳动关系。地产公司仅支付王某 2008 年 12 月 31 日前的工资,拒绝了詹某某要求公司支付经济补偿金的请求。无奈之下,詹某某只能向某地市某区劳动争议仲裁委员会申请劳动仲裁,请求某地某地产公司向自己支付经济补偿金及经济赔偿金。

那么,请问,詹某某的仲裁请求能否得到某地市某区劳动争议仲裁委员会的支持呢?什么情况下,劳动者可以要求用人单位支付赔偿金呢?

专家解析：

本案例中的詹某某认为用人单位应当依法向自己支付经济补偿金和经济赔偿金。因此，向某地市某区的劳动争议仲裁委员会提出仲裁要求，要求某地市某房地产公司支付违法解除劳动合同经济补偿金及经济赔偿金，并依法承担自己的律师费及相关的费用。

而某地市某房地产公司却认为，詹某某出勤至 2008 年 12 月 31 日，当日双方的劳动合同到期终止，并就有关未结算的佣金、工资及补偿金等进行了协商，签署了书面协议。也就是说，其最后向詹某某发放的 2008 年 12 月 31 日前的工资中已经包括了需要向詹某某支付的经济补偿金，因此，不存在需要向詹某某支付经济补偿金和经济赔偿金的情况。因此，不同意申诉人的申诉请求。

专家支招：

赔偿金是《劳动合同法》对用人单位违法解除或终止劳动合同的一种对用人单位施行的惩罚性规定，其标准为经济补偿金的二倍。

用人单位在什么情况下应当支付劳动者赔偿金呢？根据《劳动合同法》第八十五条的规定，有以下情形之一的，由劳动行政部门责令限期支付劳动报酬、加班费或者经济补偿；劳动报酬低于当地最低工资标准的，应当支付其差额部分；逾期不支付的，责令用人单位按应付金额百分之五十以上百分之一百以下的标准向劳动者加付赔偿金：

（一）未按照劳动合同的约定或者国家规定及时足额支付劳动者劳动报酬的；

（二）低于当地最低工资标准支付劳动者工资的；

（三）安排加班不支付加班费的；

（四）解除或者终止劳动合同，未依照劳动合同法的规定向劳动者支付经济补偿的。

这里所指的是加付赔偿金,除此之外,还有用人单位需要向劳动者支付赔偿金的情况,总结一下,大概有如下几个方面:

(1)如果用人单位违反《劳动合同法》和《劳动法》的有关规定解除或者终止了与劳动者之间的劳动合同,劳动者不要求继续履行劳动合同或者劳动合同已经不能继续履行的,也就是说继续履行劳动合同的成本要高于解除劳动合同的成本,因此,用人单位应当向劳动者支付相应的赔偿金。具体金额是应当依照经济补偿金的标准的两倍向劳动者支付赔偿金。

(2)用人单位依照法律制定的企业规章制度。而该企业所制定的规章制度,内容是直接就涉及到劳动者的切身利益,它违反了有关法律、法规规定,在这种情形下,除了要由劳动行政部责令企业改正,并给予警告以外,如果因此给劳动者造成了额外的损害的,用人单位也应该对劳动者承担赔偿责任,即向劳动者支付相应的赔偿金。

(3)用人单位与劳动者签订的劳动合同,是由用人单位起草并提供的,但是该劳动合同的文本并没有记载《劳动合同法》中规定的关于劳动合同的必备条款或者重要条款或者用人单位直接没有将双方都签字盖章的劳动合同的文本交付给劳动者。这样的情况下,除了劳动行政部门可以责令该用人单位改正以外,如果给劳动者造成了额外的损害的,用人单位还应该当承担相应的赔偿责任。即向劳动者支付相应的赔偿金。

(4)用人单位违反了《劳动合同法》和《劳动法》的关于试用期的规定,如约定的试用期超过了法定的最高时间限制或者与劳动者约定了两次试用期,这样的情况下,除由劳动行政部门责令用人单位进行改正以外，如果违法约定的试用期劳动者已经根据劳动合同的约定已经履行的,那么用人单位就应当向劳动者支付赔偿金。

(6)用人单位违反《劳动合同法》和《劳动法》的相关的规定,在签订劳动合同前或者履行劳动合同的过程中,以担保或者其他名义向劳动者收取财物的,除由劳动行政部门责令用人单位将收取的财物限期退还劳动者本人,并以每人500元以上2000元以下的标准处以罚款之外,如给劳动者造成了额外的损害的,企业还应当承担赔偿责任。即用人单位需要向劳动者支付法律规定的相关赔偿金。

(7)劳动合同依照《劳动合同法》第二十六条规定被确认无效的情形下,如果是用人单位的责任的话,如用人单位以欺诈、胁迫或者乘劳动者之危,使劳动者在违背自己的真实意思表示的情况下订立或者变更劳动合同;或者用人单位免除自己的法定责任、排除劳动者权利的;或者劳动合同中的有关约定有关条款违反了法律、行政法规的强制性规定等,给相对方劳动者造成额外的损害的,有过错的一方即用人单位应当承担赔偿责任。

(8)用人单位有下列情形之一的,除依法给予行政处罚,构成犯罪依法追究刑事责任外,如果给劳动者造成损害的,还应承担赔偿责任:以暴力、威胁或者非法限制人身自由的手段强迫劳动的;违章指挥或者强令冒险作业危及劳动者人身安全的;侮辱、体罚、殴打、非法搜查或者拘禁劳动者的;劳动条件恶劣、环境污染严重,给劳动者身心健康造成严重损害的。

(9)不具备合法经营资格的用人单位,在劳动者已付出劳动时该用人单位或出资人应当依照《劳动合同法》有关规定向劳动者支付劳动报酬、经济补偿金、赔偿金;给劳动者造成损害的应当承担赔偿责任。

33.劳动争议案件的仲裁时效是几年？

案例：

原告何某某是大学毕业生。自 2008 年 10 月 11 日开始就到被告某省省某地级市市某某公司下设的办事处从事仓库保管员、送货员的工作。2009 年 12 月 24 日，某地级市市某某公司下设的办事处与何某某签订了一份《临时工聘用合同》，合同约定原告何某某继续在某地级市市某某公司下设的办事处从事仓库保管员、送货员的工作，截止日期为2010 年 12 月 24 日。自 2011 年 12 月 25 日开始，某地级市市某某公司下设的办事处就未给劳动者何某某安排工作，也没有给原告劳动者何某某发放工资，原告何某某也离开了办事处。原告何某某认为被告某地级市市某某公司下设的办事处已经侵犯了自己的合法权利，与 2013 年10 月 23 日向当地人事劳动争议仲裁委员会申请仲裁，该人事劳动争议仲裁委员会与 2013 年 11 月 5 日以原告劳动者何某某的申请仲裁争议的事项已经超过了仲裁时效为由作出《不予受理案件通知书》。原告劳动者何某某不服仲裁裁决，与法定期限内，向人民法院提起了诉讼，请求判令与被告某地级市市某某公司下设办事处签订无固定期限的劳动合同。

那么，请问，劳动争议案件的仲裁时效是几年？本案例中的劳动者何某某的诉讼请求能否得到当地人民法院的支持呢？

专家解析：

仲裁时效是劳动争议案件中经常会出现的一个重要问题，其设立的初衷是为了让劳动者或者用人单位其中一方尽早的行使自己的合法权利,除了保护劳动者的弱势地位之外,也是为了在解决具体的劳动争议纠纷时,寻找劳动者与用人单位之间的一个平衡点。

《劳动争议调解仲裁法》规定,劳动者申请仲裁的时效期间为一年,仲裁时效期间从劳动者或用人单位当事人知道或者应当知道其劳动权利被侵害之日起一年。

本案例中的劳动者何某某自 2011 年 12 月 24 日开始,知道其合法的劳动权利受到了被告某地级市某某公司下设办事处的侵害,依照法律的规定,其应当在 2012 年 12 月 23 日前行使向当地劳动争议仲裁委员会申请劳动争议仲裁的请求。而事实上,原告劳动者何某某却是在 2013 年 10 月 23 日向当地劳动争议仲裁委员会提出申请劳动争议的仲裁,明显已经超过了法律规定的一年的仲裁时效期间,其合法权利由于其怠于行使,已经不受法律的保护了,因此,本案例中的当地劳动争议仲裁委员会的做法是合法的。

专家支招:

仲裁时效期间的问题不仅在劳动法领域是很重要,在任何部门法领域都是显得尤为重要,因为在这段时效期间,当事人提出自己的合法权利保护,才会得到法院或者劳动争议仲裁委员会的支持,否则,法律规定消灭其申请仲裁或者诉讼权利的一种时效制度。

一般情况下,根据《劳动争议调解仲裁法》规定,劳动者申请仲裁的时效期间为一年,仲裁时效期间从劳动者或用人单位当事人知道或者应当知道其劳动权利被侵害之日起一年。

特殊情况下,如当在劳动关系存续期间因拖欠劳动报酬发生争议的,劳动者申请仲裁不受规定的仲裁时效期间的限制;但是,劳动关系终止的,应当自劳动关系终止之日起一年内提出。这类的特殊情况主要是为了保护一些农民工的权利,如在建筑公司工地上班的农民工,其经常被拖欠工资,很多时候,他们的工资都是到年底才被结算。还有一种情况就是劳动者在与用人单位建立劳动关系的时候,往往会处于比较弱势的地位,在劳动关系存续期间,为了继续能在用人单位处上班获得劳动报酬,在其被拖欠工资的时候,也不敢直接与用人单位提出来,不敢主张权利,如果这样的情况下,都一视同仁的适用一年的时效期间,无疑是不利于这些劳动者的合法权益的保护的。因此,法律规定,特殊情况下,如当在劳动关系存续期间因拖欠劳动报酬发生争议的,劳动者申请仲裁不受规定的仲裁时效期间的限制。

(1)仲裁时效的计算

根据《劳动合同法》和《劳动争议调解仲裁法》的有关的规定可以看出,仲裁时效期间从当事人知道或者应当知道其权利被侵害之日起计算。

那么,如何判断当事人知道或者应当知道其权利被侵害呢?世道权利遭受了损害,应该是指权利人主观上已经意识或者了解到自己的合法权利被侵害的事实,根据其所处的环境,有理由认为当事人已经知道其合法权利被侵害,比如,劳动者知道自己的加班工资没有得到用人单位的及时支付,或者劳动合同终止后,其应该得到用人单位向其支付的经济补偿金等。

仲裁时效的起算,以权利人的权利客观上受到了侵害为基础,而不是权利人认为自己的合法权利受到侵害,事实上并没有受到侵害。以及权利人主观上认识到自己的合法权利受到侵害或者了解到自己的合法权利被侵害,这里可以包括自己知道或者别人告诉他这两种情况。这样的情况都可以引起时效的开始计算。一旦开始计算诉讼时效,也就是意味着劳动者或者用人单位应当在法律规定的时效期间内及时行使自己的请求仲裁或者提起诉讼的权利。

（2）仲裁时效的注意事项

仲裁时效完成后权利人所丧失的并非是向劳动争议仲裁机构申请仲裁的权利。而是说，在仲裁时效经过后，劳动者或者用人单位这样的权利人仍然有权向劳动争议仲裁委员会提出劳动争议仲裁的申请，只不过劳动争议仲裁委员会不会再保护已经经过仲裁时效期间的权利。

仲裁时效期间是属于法律上规定的强制性规范，所谓强制性法律规范就是任何组织或者个人均不能改变或者以约定的形式改变它，一旦双方当事人之间的约定违反了法律强制性的规范，就会导致双方当事人之间的约定无效，即不产生法律上的效力。仲裁时效期间就是属于法律上的规定的强制性规定，也就是意味着劳动者与用人单位不能在劳动合同中排除对仲裁时效的适用，也不能随意的缩短或者延长关于仲裁时效期间的规定。而且这里的仲裁时效期间仅仅适用于劳动争议案件的审理，并不适用普通的民事诉讼案件。

民法领域的诉讼时效，我国的《民法通则》第一百三十五条规定的："向人民法院请求保护民事权利的诉讼时效期限为二年，法律另有规定的除外。"这表明，我国民事诉讼的一般诉讼时效为二年。而且是当事人向人民法院申请的诉讼时效额，而非向劳动争议仲裁委员会申请的仲裁时效。其起算点也是当权利人知道或者应当知道其合法权利受到侵害之日起算，也是属于法律规定的强制性规范，不得由双方当事人之间任意排除适用和任意缩短、延长。

这里我们可以顺便来学习一下关于《民法通则》中第一百三十五条规定的，法律特殊规定的诉讼时效，方便今后大家在自己的合法权利受到侵害时，及时向法院申请诉讼，维护自己的合法权利。

我国《民法通则》第一百三十六条规定："下列的诉讼时效期间为一年：

（一）身体受到伤害要求赔偿的；

（二）出售质量不合格的商品未声明的；

（三）延付或拒付租金的；

（四）寄存财物被丢失或被损坏的。"

《环境保护法》第四十二条"因环境污染损害赔偿提起诉讼的时效期间为三年，从当事人知道或者应当知道受到污染损害时起计算。"

《海商法》第二百六十五条"有关船舶发生油污损害的请求权，时效期间为三年，自损害发生之日起计算；但是，在任何情况下时效期间不得超过从造成损害的事故发生之日起六年。"规定诉讼时效为三年。

《合同法》第一百二十九条"因国际货物买卖合同和技术进出口合同争议提起诉讼或者申请仲裁的期限为四年，自当事人知道或者应当知道其权利受到侵害之日起计算。因其他合同争议提起诉讼或者申请仲裁的期限，依照有关法律的规定。"，诉讼时效为四年。

我国《民法通则》第一百三十七条也对最长的诉讼时效进行了规定："从权利被侵害之日起超过二十年，人民法院不予保护"。根据这一规定，最长的诉讼时效的期间是从权利被侵害之日起计算，权利享有人不知道自己的权利被侵害，时效最长也是二十年，超过二十年，人民法院不予保护。

（3）仲裁时效的中断

仲裁时效的中断，是指时效期间因权利人某些行为或者发生一定的法定事由，导致时效不再计算下去，并且使已经经过的仲裁时效期间统统归于无效。待时效中断的事由消除后，仲裁时效的期间重新计算。

仲裁时效中断的法定事由有：

（一）向对方当事人主张权利；

（二）向有关部门请求权利救济；

（三）对方当事人同意履行义务。

以劳动者向用人单位要求支付加班费为例：第一点如劳动者在得知自己的权利受到侵害时，向用人单位提出要求其支付相应的加班报酬，第二点就是劳动者向劳动行政部门或者劳动争议仲裁委员会提出权利的救济，第三点就是用人单位同意向劳动者支付加班费，这三种情况下，劳动者向用人单位要求支付加班费的仲裁时效期间就中断。

（4）仲裁时效的中止

仲裁时效的中止，是指时效期间因法律规定的一些事由，导致时效中止计算，也就是说因为不可抗力或者其他正当事由，当事人不能在法律规定的仲裁时效期间申请仲裁的，仲裁时效中止。从中止时效的原因消除之日起，仲裁时效期间继续计算。它与仲裁时效中断的最大去区别就是，它在法定事由消失后，仲裁时效期间会继续计算。而仲裁时效的中断是待法定事由消失后，仲裁时效期间重新计算。

34.什么是探亲假？

❀　　❀　　❀

案例：

徐先生是某省人，2003 年大学毕业后在某地级市工作，后来 2010 年来到了某地工作，当时他的单位是外资企业，办理的是人才引进工作，徐先生在单位也受到了领导的重视和同事们的认可。徐先生也是非常珍惜现在的工作，不仅是因为其工资待遇都还不错，更重要的是能在单位实现自己的价值。所以自从来到某地工作以后，在 5 年间就一直没有时间回到某省老家探亲过，因为，平时徐先生的工作很忙，有好几年过年都是在某地过的，或者爸妈坐火车来某地探望自己的儿子。2013年，也就是今年，徐先生想利用春节的机会回家看看，看看老人，看看亲戚，但是由于路途遥远，加上春假休假时间并不是很长，所以徐先生一直就想向公司要求请探亲假并且可以在家里多待一段时间，但是，徐先生询问过单位的人力资源与培训部，得到的答复却是徐先生不可以休探亲假，因为公司是外企，没有义务给员工享受探亲假。同时，徐先生来公司工作也只有 3 年，没有达到公司规定的休年休假所需的 5 年工龄的要求，所以不批准。徐先生确认为，探亲假是国家规定的假期，企业的员工有全权利享受探亲假。无奈之下，徐先生就向当地的法律援助中心求助，那么，请问，如果你是当地的法律援助中心的工作人员，遇到向徐先生这样的求助者，该如何答复他呢？什么又是探亲假呢？

专家解析：

探亲假是指员工的父母或者配偶在外地，且，该企业的员工不能在公休假期与远在外地的父母或者配偶团聚的情况下，该企业的员工就可以享受几天假期去看望远在在地的父母或者配偶的待遇，而且保留该员工原有的工作岗位和工资待遇。

不过，并不是所有的企业都有义务给员工享受探亲假的。根据1982 年国务院出台的《国务院关于职工探亲假待遇的规定》的相关规定，可以看出，探亲假的员工享受主体受限制，也就是说，并不是所有的企业职工均可以无偿享受带薪探亲假。只有只有在国家机关、人民团体和全民所有制企业、事业单位工作的职工才可以享受探亲假待遇。也就是说公务员、事业单位编制的员工或者国企的员工就可以向自己的单位要求享受该探亲假的待遇。别的单位没有法律规定的义务给员工享受探亲假。

本案来中的徐先生的单位是外企的性质,因此,不符合《国务院关于职工探亲假待遇的规定》中关于单位主体的规定,因此,其所在的某地某公司没有义务给徐先生享受探亲假的待遇。

专家支招:

根据 1981 年国务院制定并且出台的《国务院关于职工探亲待遇的规定》的有关规定指出,探亲假是指职工与配偶、父母团聚的时间,根据实际情况可以给予路程假。根据该条例的规定,享受探亲假必须满足一定的条件。首先,当然是主体条件,即只有在国家机关、人民团体和全民所有制企业、事业单位工作的正式职工才可以享受探亲假待遇。不是所有企业均有义务让自己的员工享受探亲假的待遇。但是,这些用人单位自行组织员工享受探亲假,法律也是不禁止的,也就是说企业可以根据自己的生产、经营需要适当安排自己的员工享受探亲假的待遇。学徒、见习生、实习生在学习、见习、实习期间不能享受探亲假。其次,必须在该国家机关、人民团体、全民所有制企业或者事业单位工作年满一年,这是时间条件。最后也是最重要的条件就是事由条件。与配偶不住在一起,又不能在公休假日团聚的,可以享受本规定探望配偶的待遇;与父亲、母亲都不住在一起,又不能在公休假日团聚的,可以享受本规定探望父母的待遇。但是,职工与父亲或与母亲一方能够在公休假日团聚的,不能享受本规定探望父母的待遇。

"不能在公休假日团聚"是指不能利用公休假日在家居住一夜和休息半个白天。职工与父亲或与母亲一方能够在公休假日团聚的,不能享受本规定探望父母的待遇。一定要父母双方均不能在公休假期团聚的,才能享受探亲假,而且也不包括自己的岳父母、公婆和兄弟姐妹。新婚后与配偶分居两地的从第二年开始享受探亲假。

《国务院关于职工探亲待遇的规定》第四条规定探亲假期分为以下几种:

(1)探望配偶,每年给予一方探亲假一次,三十天。

(2)未婚员工探望父母,每年给假一次,二十天,也可根据实际情况,两年给假一次,四十五天。

(3)已婚员工探望父母,每四年给假一次,二十天。探亲假期是指职工与配偶、父、母团聚的时间,另外,根据实际需要给予路程假。上述假期均包括公休假日和法定节日在内。

(4)凡实行休假制度的职工应该在休假期间探亲;如果休假期较短,可由本单位适当安排,补足其探亲假的天数。

其中第四种情况主要是指学校的教职工人员。

《国务院关于职工探亲待遇的规定》第五条规定,职工在规定的探亲假期和路程假期内,按照本人的标准工资发给工资。

第六条规定,职工探望配偶和未婚职工探望父母的往返路费,由所在单位负担。已婚职工探望父母的往返路费,在本人月标准工资百分之三十以内的,由本人自理,超过部分由所在单位负担。

当然,上述这些规定都是国家关于探亲假的规定,每个地方也可以根据地方特色或者实际经济发展的需要制定相应的探亲假规定。

这里必须要与探亲假联系的一个很重要的法律就是最近很热门的《老年人权益保障法》,2013 年 7 月 1 日起,新修订的《老年人权益保障法》开始了正式地实施。

其中规定,家庭成员应当关心老年人的精神需求,不得忽视、冷落老年人,与老年人分开居住的家庭成员,应当经常看望或者问候老年人

（常回家看看）；如赡养人在单位工作的，用人单位应当按照国家有关规定保障赡养人探亲休假。

这里也是一定程度上将用人单位依法给员工享受探亲假的义务给法制化，但是具体到每个单位的实施还是有一定的难度的。

35.劳动者在什么情况下，可以离开工作岗位？

案例：

小钱他们是从某地老家出来到某地打工的典型的农民工，2005年10月10日，与某地一家专门从事房屋拆除的公司签订了劳动合同。2006年11月11日，小钱他们一行八人在某地市某房屋拆除公司的负责人的带领下正在进行某地一具名楼的拆除作业。一般情况下，小钱他们都是下午五点收工，但是那天，某地市某房屋拆除公司的负责人让他们多干一个小时，因为，这个居民楼的拆除工作已经接近了尾声，此时该楼的顶层已经拆除完成，此时该楼的顶层已拆完，剩下的二三层却未按规程从上往下拆，整个楼体中间被掏空，四面山墙勉强支撑着。小钱他们觉得这样的拆除工作很危险，一定要等到拆除车拆除之后，他们才进行拆除。于是就拒绝了某地市某房屋拆除公司负责人的要求，某地市某房屋拆除公司的负责人认为，其有权对劳动者的工作进行指示的权利，现在小钱一行八人不愿意接受公司给的工作指示，因此，提出要与他们纷纷解除劳动合同。小钱他们为了维护自己的合法权利，向当地的劳动争议仲裁委员会提出了仲裁申请，要求某地市某房屋拆除公司继续履行与他们之间的劳动合同。

那么,请问,案例中的小钱他们的仲裁请求能否得到当地劳动争议仲裁庭的支持呢?在什么情况下,劳动者可以拒绝作业,并且离开自己的工作岗位呢?

专家解析:

本案例涉及劳动者的危险作业拒绝权与用人单位之间的工作指示权之间的冲突。劳动者通过与用人单位之间签订劳动合同,将自己的劳动力让渡给用人单位,用人单位可以通过法律的规定制定规章制度来规范劳动者的行为,也可以在劳动者的工作中给予必要的工作指示。但是劳动者也可以在特殊情况下,拒绝用人单位的工作指示,自行离开工作场所,正如本案例中的小钱几人,明知道用人单位的指示有可能会对自己的身体健康甚至生命安全造成危险,所以就拒绝了用人单位某地市某房屋拆除公司的不可理要求。

因此,本案例中的小钱几人的做法是合法的,某地市某房屋拆除公司应该依照法律的规定继续履行与劳动者之间签订的劳动合同。

专家支招:

这里涉及的就是劳动者的拒绝危险作业权。拒绝危险作业权是劳动者特有的一项单方决定权,它是指在劳动者进行劳动作业时,劳动者有权在不用经过用人单位同意的情况下,自行决定拒绝在危险环境下作业。危险作业一般是指具有高度安全危险源或者安全可靠性差,容易严重威胁到劳动者的人身健康或者导致人身伤亡的作业等。常见的有动火作业、进入受限空间作业、临时用电作业、高处作业、断路作业、破土作业、吊装作业、盲板抽堵作业。拒绝危险作业权的保护对象是劳动者的人身安全和健康。只要劳动者认为用人单位安排的作业危及到自身的安全和健康,劳动者就有权拒绝继续危险作业(专业人员除外)。

拒绝危险作业权是一种绝对性质的权利,即对世权,义务人是行使该权利的劳动者之外的所有人,即除了用人单位还有第三者均不得妨碍劳动者行使该项权利,并且该权利的享有不需要其他人的协助,只需要劳动者自身即可完成,其他人负有的义务是不妨碍劳动者行使该项权利。拒绝危险作业权的行使实质上是对用人单位管理权的排斥。

实践中,如果劳动者进行危险作业而无相应的作业资质,那么劳动者的合法权利就当场会受到损害,事后救济也难以满足保护劳动者合法权益的需要。这样一来既严重威胁劳动者生命安全和健康,损害劳动者的利益,也导致用人单位利益受损,公共利益受损。劳动者行使拒绝危险作业权从短期看是损害了用人单位利益,实际上长远看从另一个侧面为了用人单位的更好的发展,有助于树立用人单位良好的品牌形象和社会形象,从而获得更多的机会和更多的利益。

因此,拒绝危险作业权既是劳动者的权利也是劳动者的义务。

拒绝危险作业权体现了自力救济。自力救济对应的是公力救济,主要是指在当权利人的权利受到某种侵害时,国家有关机关来不及及时救济,为了保护自己的合法权益,权利人就可以凭借自身的力量进行救济。这里所讨论的自力救济是除了刑法上的正当行为和紧急避险之外的,仅指民法上的自力救济。自力救济是民法上为了克服公力救济的滞后性和局限性,保护权利人的权利提供的一种措施。从权利的保护来看,最及时最有效的就是权利人自身的私力救济。拒绝危险作业权就是立法对于自力救济的肯定,以解决特殊情况下劳动者的安全和健康保护的需要。

拒绝危险作业权保护的是劳动者的生命健康权,正是符合了国际人权保护的基本原则和精神。1948年12月10日,联合国大会通过第217A(III)号决议并颁布《世界人权宣言》中规定:人人有权享有生命、自由和人身安全。由此可见,生命健康权是国际公认的基本人权。我国也是非常重视基本人权的保护。如《宪法》、《民法通则》和其他单行法律中就有相关规定,公民享有生命健康权,国家应该保护公民的生命健康权不受非法侵害。生命健康权是公民享有其他权利和权益的前提和基础,在劳动法领域显得尤为重要。劳动者享有了健康的生命和体魄才能承担起履行劳动合同的义务,才能创造更多的社会和精神财富,实现自身的个人价值和社会价值。生命健康权被法律赋予了较高的地位。当其与用人单位的管理权和利益冲突的时候,我国的立法倾向明显偏于保护劳动者的生命健康权。

劳动者的拒绝危险作业权也符合劳动合同法最初的立法宗旨和目标,总体上倾向于保护劳动者这一弱势群体。虽然在订立劳动合同的时候,用人单位和劳动者平等协商各项劳动合同的主要内容,但是在实际用工关系中,劳动关系形式上的平等掩盖不了现实上的不平等。基于用人单位与劳动者管理者与被管理者的关系,用人单位在很多方面基于其经济上的优势和管理上的优势还是处于强势的地位。在危险作业这样的特殊情况下,赋予劳动者单方面的决定拒绝危险作业的权利,而不用对用人单位承担任何的违约责任或者赔偿任何损失,相反用人单位还应该一如既往的支付劳动者各项工资福利和劳动报酬等,一定程度上有助于实现真正意义上的实质平等和社会公平、公正。

劳动者拒绝危险作业不能被视为是对劳动合同的违反,不应承担相应的违约责任。劳动者也可以因为用人单位的管理人员违章指挥危险作业,考虑到已经严重威胁自身的健康和安全,可以不用提前告知用人单位而进行立即解除劳动合同。

由于拒绝危险作业权的行使直接关系到劳动者劳动活动的进行,直接关系到用人单位的劳动用工进度及相关利益,因此,劳动者行使拒绝危险作业权应该有一定的限制。它区别于专业的危险作业人员和劳动者一般作业的情形。前者是专门从事危险作业的相关劳动者，具备相应的危险作业操作知识和技能，后者是劳动者在正常情况下进行劳动活动的时候可以预见的相应的危险，如出租车司机在马路上驾驶机动车辆，就应该承担相应的交通风险和危险。这种情况下，由于职业本身固有的风险和危险，劳动者无权拒绝进行作业。只有在劳动者遇到的危险是即将严重威胁劳动者生命安全和健康的时候，劳动者才享有法定的拒绝危险作业权。即劳动者行使拒绝危险作业全的唯一条件就是劳动者的生命安全和健康即将受到严重威胁。

那么什么样的危险才是严重威胁劳动者的生命安全和健康呢？此处的严重威胁劳动者的生命安全和健康既可以根据现场的情况来判定，也可以依据常识来进行判定。如煤矿井底的空气质量很差，容易导致劳动者窒息。用人单位的违章行为得不到政府部门的及时制止，因此，劳动者的拒绝危险作业权也是对用人单位违章行为的拒绝，更是对政府部门制止行为的及时补充。

当劳动者的生命或者健康受到危险时，劳动者还有一项权力可以行使，那就是自行撤离劳动场所。

自行撤离劳动场所权也是劳动者特有的一项单方决定权。是指劳动者在劳动作业时，如果遇到了直接危及人身安全或健康的情况，可以仅凭自己的意思表示主动撤离劳动场所，由此导致的用人单位的损失，劳动者无需赔偿。关于劳动场所 的定义，劳动场所也称为工作场所，是指职业人群从事生产活动所在的场所，一般情况下，除生产外，工作场所还承担着部分学习、社交、生活和休息等功能。

我国与安全生产有关的法律规定，如果劳动者发现直接危及人身安全的紧急情况时，有权停止作业或者在采取可能的应急措施后撤离作业场所。这就是劳动者行使自行撤离劳动场所的法律依据。关于威胁人身安全的紧急情况判断标准一般都是根据常人的常识，有时候也可以根据需要专业知识的劳动者的专业判定为准。法国劳动法典认为如果劳动者根据自身的常识和见解，有合理理由认为其所在的劳动场所存在生命与健康有重大的或紧急的危险时，可以自行撤离劳动场所，由此用人单位不得扣减工资或给以任何惩罚。德国关于劳动场所的规定较为详细，按照一般的基本原则，企业主应该安置和维护工作场所、企业设备等，保护劳动者免受危险对生命和健康的威胁。如《劳动场所法规》对于劳动和休息场所有最低的条件规定。

附录1：

中华人民共和国劳动合同法

中华人民共和国主席令
第七十三号

《全国人民代表大会常务委员会关于修改〈中华人民共和国劳动合同法〉的决定》已由中华人民共和国第十一届全国人民代表大会常务委员会第三十次会议于 2012 年 12 月 28 日通过，现予公布，自 2013 年 7 月 1 日起施行。

中华人民共和国主席 胡锦涛

2012 年 12 月 28 日

第一章 总 则

第一条 为了完善劳动合同制度，明确劳动合同双方当事人的权利和义务，保护劳动者的合法权益，构建和发展和谐稳定的劳动关系，制定本法。

第二条 中华人民共和国境内的企业、个体经济组织、民办非企业单位等组织（以下称用人单位）与劳动者建立劳动关系，订立、履行、变更、解除或者终止劳动合同，适用本法。

国家机关、事业单位、社会团体和与其建立劳动关系的劳动者，订立、履行、变更、解除或者终止劳动合同,依照本法执行。

第三条 订立劳动合同,应当遵循合法、公平、平等自愿、协商一致、诚实信用的原则。

依法订立的劳动合同具有约束力,用人单位与劳动者应当履行劳动合同约定的义务。

第四条 用人单位应当依法建立和完善劳动规章制度,保障劳动者享有劳动权利、履行劳动义务。

用人单位在制定、修改或者决定有关劳动报酬、工作时间、休息休假、劳动安全卫生、保险福利、职工培训、劳动纪律以及劳动定额管理等直接涉及劳动者切身利益的规章制度或者重大事项时,应当经职工代表大会或者全体职工讨论,提出方案和意见,与工会或者职工代表平等协商确定。

在规章制度和重大事项决定实施过程中,工会或者职工认为不适当的,有权向用人单位提出,通过协商予以修改完善。

用人单位应当将直接涉及劳动者切身利益的规章制度和重大事项决定公示,或者告知劳动者。

第五条 县级以上人民政府劳动行政部门会同工会和企业方面代表,建立健全协调劳动关系三方机制,共同研究解决有关劳动关系的重大问题。

第六条 工会应当帮助、指导劳动者与用人单位依法订立和履行劳动合同,并与用人单位建立集体协商机制,维护劳动者的合法权益。

第二章 劳动合同的订立

第七条 用人单位自用工之日起即与劳动者建立劳动关系。用人单位应当建立职工名册备查。

第八条 用人单位招用劳动者时，应当如实告知劳动者工作内容、工作条件、工作地点、职业危害、安全生产状况、劳动报酬，以及劳动者要求了解的其他情况；用人单位有权了解劳动者与劳动合同直接相关的基本情况，劳动者应当如实说明。

第九条 用人单位招用劳动者，不得扣押劳动者的居民身份证和其他证件，不得要求劳动者提供担保或者以其他名义向劳动者收取财物。

第十条 建立劳动关系，应当订立书面劳动合同。

已建立劳动关系，未同时订立书面劳动合同的，应当自用工之日起一个月内订立书面劳动合同。

用人单位与劳动者在用工前订立劳动合同的，劳动关系自用工之日起建立。

第十一条 用人单位未在用工的同时订立书面劳动合同，与劳动者约定的劳动报酬不明确的，新招用的劳动者的劳动报酬按照集体合同规定的标准执行；没有集体合同或者集体合同未规定的，实行同工同酬。

第十二条 劳动合同分为固定期限劳动合同、无固定期限劳动合同和以完成一定工作任务为期限的劳动合同。

第十三条 固定期限劳动合同，是指用人单位与劳动者约定合同终止时间的劳动合同。

用人单位与劳动者协商一致，可以订立固定期限劳动合同。

第十四条 无固定期限劳动合同，是指用人单位与劳动者约定无确定终止时间的劳动合同。

用人单位与劳动者协商一致，可以订立无固定期限劳动合同。有下列情形之一，劳动者提出或者同意续订、订立劳动合同的，除劳动者提

出订立固定期限劳动合同外,应当订立无固定期限劳动合同:

(一)劳动者在该用人单位连续工作满十年的;

(二)用人单位初次实行劳动合同制度或者国有企业改制重新订立劳动合同时,劳动者在该用人单位连续工作满十年且距法定退休年龄不足十年的;

(三)连续订立二次固定期限劳动合同,且劳动者没有本法第三十九条和第四十条第一项、第二项规定的情形,续订劳动合同的。

用人单位自用工之日起满一年不与劳动者订立书面劳动合同的,视为用人单位与劳动者已订立无固定期限劳动合同。

第十五条 以完成一定工作任务为期限的劳动合同,是指用人单位与劳动者约定以某项工作的完成为合同期限的劳动合同。

用人单位与劳动者协商一致,可以订立以完成一定工作任务为期限的劳动合同。

第十六条 劳动合同由用人单位与劳动者协商一致,并经用人单位与劳动者在劳动合同文本上签字或者盖章生效。

劳动合同文本由用人单位和劳动者各执一份。

第十七条 劳动合同应当具备以下条款:

(一)用人单位的名称、住所和法定代表人或者主要负责人;

(二)劳动者的姓名、住址和居民身份证或者其他有效身份证件号码;

(三)劳动合同期限;

(四)工作内容和工作地点;

(五)工作时间和休息休假;

(六)劳动报酬;

(七)社会保险;

（八）劳动保护、劳动条件和职业危害防护；

（九）法律、法规规定应当纳入劳动合同的其他事项。

劳动合同除前款规定的必备条款外，用人单位与劳动者可以约定试用期、培训、保守秘密、补充保险和福利待遇等其他事项。

第十八条 劳动合同对劳动报酬和劳动条件等标准约定不明确，引发争议的，用人单位与劳动者可以重新协商；协商不成的，适用集体合同规定；没有集体合同或者集体合同未规定劳动报酬的，实行同工同酬；没有集体合同或者集体合同未规定劳动条件等标准的，适用国家有关规定。

第十九条 劳动合同期限三个月以上不满一年的，试用期不得超过一个月；劳动合同期限一年以上不满三年的，试用期不得超过二个月；三年以上固定期限和无固定期限的劳动合同，试用期不得超过六个月。

同一用人单位与同一劳动者只能约定一次试用期。

以完成一定工作任务为期限的劳动合同或者劳动合同期限不满三个月的，不得约定试用期。

试用期包含在劳动合同期限内。劳动合同仅约定试用期的，试用期不成立，该期限为劳动合同期限。

第二十条 劳动者在试用期的工资不得低于本单位相同岗位最低档工资或者劳动合同约定工资的百分之八十，并不得低于用人单位所在地的最低工资标准。

第二十一条 在试用期中，除劳动者有本法第三十九条和第四十条第一项、第二项规定的情形外，用人单位不得解除劳动合同。用人单位在试用期解除劳动合同的，应当向劳动者说明理由。

第二十二条 用人单位为劳动者提供专项培训费用，对其进行专业技术培训的，可以与该劳动者订立协议，约定服务期。

劳动者违反服务期约定的,应当按照约定向用人单位支付违约金。违约金的数额不得超过用人单位提供的培训费用。用人单位要求劳动者支付的违约金不得超过服务期尚未履行部分所应分摊的培训费用。

用人单位与劳动者约定服务期的, 不影响按照正常的工资调整机制提高劳动者在服务期期间的劳动报酬。

第二十三条 用人单位与劳动者可以在劳动合同中约定保守用人单位的商业秘密和与知识产权相关的保密事项。

对负有保密义务的劳动者, 用人单位可以在劳动合同或者保密协议中与劳动者约定竞业限制条款,并约定在解除或者终止劳动合同后, 在竞业限制期限内按月给予劳动者经济补偿。劳动者违反竞业限制约定的,应当按照约定向用人单位支付违约金。

第二十四条 竞业限制的人员限于用人单位的高级管理人员、高级技术人员和其他负有保密义务的人员。竞业限制的范围、地域、期限由用人单位与劳动者约定,竞业限制的约定不得违反法律、法规的规定。

在解除或者终止劳动合同后, 前款规定的人员到与本单位生产或者经营同类产品、从事同类业务的有竞争关系的其他用人单位,或者自己开业生产或者经营同类产品、从事同类业务的竞业限制期限,不得超过二年。

第二十五条 除本法第二十二条和第二十三条规定的情形外,用人单位不得与劳动者约定由劳动者承担违约金。

第二十六条 下列劳动合同无效或者部分无效:

(一)以欺诈、胁迫的手段或者乘人之危,使对方在违背真实意思的情况下订立或者变更劳动合同的;

(二)用人单位免除自己的法定责任、排除劳动者权利的;

(三)违反法律、行政法规强制性规定的。

对劳动合同的无效或者部分无效有争议的，由劳动争议仲裁机构或者人民法院确认。

第二十七条 劳动合同部分无效,不影响其他部分效力的,其他部分仍然有效。

第二十八条 劳动合同被确认无效,劳动者已付出劳动的,用人单位应当向劳动者支付劳动报酬。劳动报酬的数额,参照本单位相同或者相近岗位劳动者的劳动报酬确定。

第三章 劳动合同的履行和变更

第二十九条 用人单位与劳动者应当按照劳动合同的约定,全面履行各自的义务。

第三十条 用人单位应当按照劳动合同约定和国家规定,向劳动者及时足额支付劳动报酬。

用人单位拖欠或者未足额支付劳动报酬的, 劳动者可以依法向当地人民法院申请支付令,人民法院应当依法发出支付令。

第三十一条 用人单位应当严格执行劳动定额标准,不得强迫或者变相强迫劳动者加班。用人单位安排加班的,应当按照国家有关规定向劳动者支付加班费。

第三十二条 劳动者拒绝用人单位管理人员违章指挥、强令冒险作业的,不视为违反劳动合同。

劳动者对危害生命安全和身体健康的劳动条件, 有权对用人单位提出批评、检举和控告。

第三十三条 用人单位变更名称、法定代表人、主要负责人或者投资人等事项,不影响劳动合同的履行。

第三十四条 用人单位发生合并或者分立等情况,原劳动合同继续有效,劳动合同由承继其权利和义务的用人单位继续履行。

第三十五条 用人单位与劳动者协商一致,可以变更劳动合同约定的内容。变更劳动合同,应当采用书面形式。

变更后的劳动合同文本由用人单位和劳动者各执一份。

第四章 劳动合同的解除和终止

第三十六条 用人单位与劳动者协商一致,可以解除劳动合同。

第三十七条 劳动者提前三十日以书面形式通知用人单位,可以解除劳动合同。劳动者在试用期内提前三日通知用人单位,可以解除劳动合同。

第三十八条 用人单位有下列情形之一的,劳动者可以解除劳动合同:

(一)未按照劳动合同约定提供劳动保护或者劳动条件的;

(二)未及时足额支付劳动报酬的;

(三)未依法为劳动者缴纳社会保险费的;

(四)用人单位的规章制度违反法律、法规的规定,损害劳动者权益的;

(五)因本法第二十六条第一款规定的情形致使劳动合同无效的;

(六)法律、行政法规规定劳动者可以解除劳动合同的其他情形。

用人单位以暴力、威胁或者非法限制人身自由的手段强迫劳动者劳动的,或者用人单位违章指挥、强令冒险作业危及劳动者人身安全的,劳动者可以立即解除劳动合同,不需事先告知用人单位。

第三十九条 劳动者有下列情形之一的,用人单位可以解除劳动合同：

（一）在试用期间被证明不符合录用条件的；

（二）严重违反用人单位的规章制度的；

（三）严重失职，营私舞弊，给用人单位造成重大损害的；

（四）劳动者同时与其他用人单位建立劳动关系，对完成本单位的工作任务造成严重影响，或者经用人单位提出，拒不改正的；

（五）因本法第二十六条第一款第一项规定的情形致使劳动合同无效的；

（六）被依法追究刑事责任的。

第四十条　有下列情形之一的，用人单位提前三十日以书面形式通知劳动者本人或者额外支付劳动者一个月工资后，可以解除劳动合同：

（一）劳动者患病或者非因工负伤，在规定的医疗期满后不能从事原工作，也不能从事由用人单位另行安排的工作的；

（二）劳动者不能胜任工作，经过培训或者调整工作岗位，仍不能胜任工作的；

（三）劳动合同订立时所依据的客观情况发生重大变化，致使劳动合同无法履行，经用人单位与劳动者协商，未能就变更劳动合同内容达成协议的。

第四十一条　有下列情形之一，需要裁减人员二十人以上或者裁减不足二十人但占企业职工总数百分之十以上的，用人单位提前三十日向工会或者全体职工说明情况，听取工会或者职工的意见后，裁减人员方案经向劳动行政部门报告，可以裁减人员：

（一）依照企业破产法规定进行重整的；

（二）生产经营发生严重困难的；

（三）企业转产、重大技术革新或者经营方式调整，经变更劳动合同

后,仍需裁减人员的;

（四）其他因劳动合同订立时所依据的客观经济情况发生重大变化,致使劳动合同无法履行的。

裁减人员时,应当优先留用下列人员：

（一）与本单位订立较长期限的固定期限劳动合同的;

（二）与本单位订立无固定期限劳动合同的;

（三）家庭无其他就业人员,有需要抚养的老人或者未成年人的。

用人单位依照本条第一款规定裁减人员,在六个月内重新招用人员的,应当通知被裁减的人员,并在同等条件下优先招用被裁减的人员。

第四十二条 劳动者有下列情形之一的,用人单位不得依照本法第四十条、第四十一条的规定解除劳动合同：

（一）从事接触职业病危害作业的劳动者未进行离岗前职业健康检查,或者疑似职业病病人在诊断或者医学观察期间的;

（二）在本单位患职业病或者因工负伤并被确认丧失或者部分丧失劳动能力的;

（三）患病或者非因工负伤,在规定的医疗期内的;

（四）女职工在孕期、产期、哺乳期的;

（五）在本单位连续工作满十五年,且距法定退休年龄不足五年的;

（六）法律、行政法规规定的其他情形。

第四十三条 用人单位单方解除劳动合同,应当事先将理由通知工会。用人单位违反法律、行政法规规定或者劳动合同约定的,工会有权要求用人单位纠正。用人单位应当研究工会的意见,并将处理结果书面通知工会。

第四十四条 有下列情形之一的,劳动合同终止：

（一）劳动合同期满的；

（二）劳动者开始依法享受基本养老保险待遇的；

（三）劳动者死亡，或者被人民法院宣告死亡或者宣告失踪的；

（四）用人单位被依法宣告破产的；

（五）用人单位被吊销营业执照、责令关闭、撤销或者用人单位决定提前解散的；

（六）法律、行政法规规定的其他情形。

第四十五条 劳动合同期满，有本法第四十二条规定情形之一的，劳动合同应当续延至相应的情形消失时终止。但是，本法第四十二条第二项规定丧失或者部分丧失劳动能力劳动者的劳动合同的终止，按照国家有关工伤保险的规定执行。

第四十六条 有下列情形之一的，用人单位应当向劳动者支付经济补偿：

（一）劳动者依照本法第三十八条规定解除劳动合同的；

（二）用人单位依照本法第三十六条规定向劳动者提出解除劳动合同并与劳动者协商一致解除劳动合同的；

（三）用人单位依照本法第四十条规定解除劳动合同的；

（四）用人单位依照本法第四十一条第一款规定解除劳动合同的；

（五）除用人单位维持或者提高劳动合同约定条件续订劳动合同，劳动者不同意续订的情形外，依照本法第四十四条第一项规定终止固定期限劳动合同的；

（六）依照本法第四十四条第四项、第五项规定终止劳动合同的；

（七）法律、行政法规规定的其他情形。

第四十七条 经济补偿按劳动者在本单位工作的年限，每满一年支付一个月工资的标准向劳动者支付。六个月以上不满一年的，按一年计算;不满六个月的,向劳动者支付半个月工资的经济补偿。

劳动者月工资高于用人单位所在直辖市、设区的市级人民政府公布的本地区上年度职工月平均工资三倍的,向其支付经济补偿的标准按职工月平均工资三倍的数额支付,向其支付经济补偿的年限最高不超过十二年。

本条所称月工资是指劳动者在劳动合同解除或者终止前十二个月的平均工资。

第四十八条 用人单位违反本法规定解除或者终止劳动合同,劳动者要求继续履行劳动合同的,用人单位应当继续履行;劳动者不要求继续履行劳动合同或者劳动合同已经不能继续履行的,用人单位应当依照本法第八十七条规定支付赔偿金。

第四十九条 国家采取措施,建立健全劳动者社会保险关系跨地区转移接续制度。

第五十条 用人单位应当在解除或者终止劳动合同时出具解除或者终止劳动合同的证明,并在十五日内为劳动者办理档案和社会保险关系转移手续。

劳动者应当按照双方约定,办理工作交接。用人单位依照本法有关规定应当向劳动者支付经济补偿的,在办结工作交接时支付。

用人单位对已经解除或者终止的劳动合同的文本,至少保存二年备查。

第五章 特别规定

第一节 集体合同

第五十一条 企业职工一方与用人单位通过平等协商,可以就劳动报酬、工作时间、休息休假、劳动安全卫生、保险福利等事项订立集体合同。集体合同草案应当提交职工代表大会或者全体职工讨论通过。

集体合同由工会代表企业职工一方与用人单位订立；尚未建立工会的用人单位，由上级工会指导劳动者推举的代表与用人单位订立。

第五十二条 企业职工一方与用人单位可以订立劳动安全卫生、女职工权益保护、工资调整机制等专项集体合同。

第五十三条 在县级以下区域内，建筑业、采矿业、餐饮服务业等行业可以由工会与企业方面代表订立行业性集体合同，或者订立区域性集体合同。

第五十四条 集体合同订立后，应当报送劳动行政部门；劳动行政部门自收到集体合同文本之日起十五日内未提出异议的，集体合同即行生效。

依法订立的集体合同对用人单位和劳动者具有约束力。行业性、区域性集体合同对当地本行业、本区域的用人单位和劳动者具有约束力。

第五十五条 集体合同中劳动报酬和劳动条件等标准不得低于当地人民政府规定的最低标准；用人单位与劳动者订立的劳动合同中劳动报酬和劳动条件等标准不得低于集体合同规定的标准。

第五十六条 用人单位违反集体合同，侵犯职工劳动权益的，工会可以依法要求用人单位承担责任；因履行集体合同发生争议，经协商解决不成的，工会可以依法申请仲裁、提起诉讼。

第二节 劳务派遣

第五十七条 经营劳务派遣业务应当具备下列条件：

（一）注册资本不得少于人民币二百万元；

（二）有与开展业务相适应的固定的经营场所和设施；

（三）有符合法律、行政法规规定的劳务派遣管理制度；

(四)法律、行政法规规定的其他条件。

"经营劳务派遣业务,应当向劳动行政部门依法申请行政许可;经许可的,依法办理相应的公司登记。未经许可,任何单位和个人不得经营劳务派遣业务。"

第五十八条 劳务派遣单位是本法所称用人单位,应当履行用人单位对劳动者的义务。劳务派遣单位与被派遣劳动者订立的劳动合同,除应当载明本法第十七条规定的事项外,还应当载明被派遣劳动者的用工单位以及派遣期限、工作岗位等情况。

劳务派遣单位应当与被派遣劳动者订立二年以上的固定期限劳动合同,按月支付劳动报酬;被派遣劳动者在无工作期间,劳务派遣单位应当按照所在地人民政府规定的最低工资标准,向其按月支付报酬。

第五十九条 劳务派遣单位派遣劳动者应当与接受以劳务派遣形式用工的单位(以下称用工单位)订立劳务派遣协议。劳务派遣协议应当约定派遣岗位和人员数量、派遣期限、劳动报酬和社会保险费的数额与支付方式以及违反协议的责任。

用工单位应当根据工作岗位的实际需要与劳务派遣单位确定派遣期限,不得将连续用工期限分割订立数个短期劳务派遣协议。

第六十条 劳务派遣单位应当将劳务派遣协议的内容告知被派遣劳动者。

劳务派遣单位不得克扣用工单位按照劳务派遣协议支付给被派遣劳动者的劳动报酬。

劳务派遣单位和用工单位不得向被派遣劳动者收取费用。

第六十一条 劳务派遣单位跨地区派遣劳动者的,被派遣劳动者享有的劳动报酬和劳动条件,按照用工单位所在地的标准执行。

第六十二条 用工单位应当履行下列义务:

(一)执行国家劳动标准,提供相应的劳动条件和劳动保护;

（二）告知被派遣劳动者的工作要求和劳动报酬

（三）支付加班费、绩效奖金，提供与工作岗位相关的福利待遇；

（四）对在岗被派遣劳动者进行工作岗位所必需的培训

（五）连续用工的，实行正常的工资调整机制。

用工单位不得将被派遣劳动者再派遣到其他用人单位。

第六十三条 被派遣劳动者享有与用工单位被派遣劳动者享有与用工单位的劳动者同工同酬的权利。用工单位应当按照同工同酬原则，对被派遣劳动者与本单位同类岗位的劳动者实行相同的劳动报酬分配办法。用工单位无同类岗位劳动者的，参照用工单位所在地相同或者相近岗位劳动者的劳动报酬确定。

"劳务派遣单位与被派遣劳动者订立的劳动合同和与用工单位订立的劳务派遣协议，载明或者约定的向被派遣劳动者支付的劳动报酬应当符合前款规定。"

第六十四条 被派遣劳动者有权在劳务派遣单位或者用工单位依法参加或者组织工会，维护自身的合法权益。

第六十五条 被派遣劳动者可以依照本法第三十六条、第三十八条的规定与劳务派遣单位解除劳动合同。

被派遣劳动者有本法第三十九条和第四十条第一项、第二项规定情形的，用工单位可以将劳动者退回劳务派遣单位，劳务派遣单位依照本法有关规定，可以与劳动者解除劳动合同。

第六十六条 劳动合同用工是我国的企业基本用工形式。劳务派遣用工是补充形式，只能在临时性、辅助性或者替代性的工作岗位上实施。

前款规定的临时性工作岗位是指存续时间不超过六个月的岗位；辅助性工作岗位是指为主营业务岗位提供服务的非主营业务岗位；替

代性工作岗位是指用工单位的劳动者因脱产学习、休假等原因无法工作的一定期间内,可以由其他劳动者替代工作的岗位。

"用工单位应当严格控制劳务派遣用工数量,不得超过其用工总量的一定比例,具体比例由国务院劳动行政部门规定。"

第六十七条 用人单位不得设立劳务派遣单位向本单位或者所属单位派遣劳动者。

第三节 非全日制用工

第六十八条 非全日制用工,是指以小时计酬为主,劳动者在同一用人单位一般平均每日工作时间不超过四小时,每周工作时间累计不超过二十四小时的用工形式。

第六十九条 非全日制用工双方当事人可以订立口头协议。

从事非全日制用工的劳动者可以与一个或者一个以上用人单位订立劳动合同;但是,后订立的劳动合同不得影响先订立的劳动合同的履行。

第七十条 非全日制用工双方当事人不得约定试用期。

第七十一条 非全日制用工双方当事人任何一方都可以随时通知对方终止用工。终止用工,用人单位不向劳动者支付经济补偿。

第七十二条 非全日制用工小时计酬标准不得低于用人单位所在地人民政府规定的最低小时工资标准。

非全日制用工劳动报酬结算支付周期最长不得超过十五日。

第六章 监督检查

第七十三条 国务院劳动行政部门负责全国劳动合同制度实施的监督管理。

县级以上地方人民政府劳动行政部门负责本行政区域内劳动合同制度实施的监督管理。

县级以上各级人民政府劳动行政部门在劳动合同制度实施的监督管理工作中,应当听取工会、企业方面代表以及有关行业主管部门的意见。

第七十四条 县级以上地方人民政府劳动行政部门依法对下列实施劳动合同制度的情况进行监督检查:

(一)用人单位制定直接涉及劳动者切身利益的规章制度及其执行的情况;

(二)用人单位与劳动者订立和解除劳动合同的情况;

(三)劳务派遣单位和用工单位遵守劳务派遣有关规定的情况;

(四)用人单位遵守国家关于劳动者工作时间和休息休假规定的情况;

(五)用人单位支付劳动合同约定的劳动报酬和执行最低工资标准的情况

(六)用人单位参加各项社会保险和缴纳社会保险费的情况;

(七)法律、法规规定的其他劳动监察事项。

第七十五条 县级以上地方人民政府劳动行政部门实施监督检查时,有权查阅与劳动合同、集体合同有关的材料,有权对劳动场所进行实地检查,用人单位和劳动者都应当如实提供有关情况和材料。

劳动行政部门的工作人员进行监督检查,应当出示证件,依法行使职权,文明执法。

第七十六条 县级以上人民政府建设、卫生、安全生产监督管理等有关主管部门在各自职责范围内,对用人单位执行劳动合同制度的情况进行监督管理。

第七十七条 劳动者合法权益受到侵害的,有权要求有关部门依法处理,或者依法申请仲裁、提起诉讼。

第七十八条 工会依法维护劳动者的合法权益,对用人单位履行劳动合同、集体合同的情况进行监督。用人单位违反劳动法律、法规和劳动合同、集体合同的,工会有权提出意见或者要求纠正;劳动者申请仲裁、提起诉讼的,工会依法给予支持和帮助。

第七十九条 任何组织或者个人对违反本法的行为都有权举报,县级以上人民政府劳动行政部门应当及时核实、处理,并对举报有功人员给予奖励。

第七章　法律责任

第八十条 用人单位直接涉及劳动者切身利益的规章制度违反法律、法规规定的,由劳动行政部门责令改正,给予警告;给劳动者造成损害的,应当承担赔偿责任。

第八十一条 用人单位提供的劳动合同文本未载明本法规定的劳动合同必备条款或者用人单位未将劳动合同文本交付劳动者的,由劳动行政部门责令改正;给劳动者造成损害的,应当承担赔偿责任。

第八十二条 用人单位自用工之日起超过一个月不满一年未与劳动者订立书面劳动合同的,应当向劳动者每月支付二倍的工资。

用人单位违反本法规定不与劳动者订立无固定期限劳动合同的,自应当订立无固定期限劳动合同之日起向劳动者每月支付二倍的工资。

第八十三条 用人单位违反本法规定与劳动者约定试用期的,由劳动行政部门责令改正;违法约定的试用期已经履行的,由用人单位以劳动者试用期满月工资为标准,按已经履行的超过法定试用期的期间向劳动者支付赔偿金。

第八十四条 用人单位违反本法规定,扣押劳动者居民身份证等证件的,由劳动行政部门责令限期退还劳动者本人,并依照有关法律规定给予处罚。

用人单位违反本法规定,以担保或者其他名义向劳动者收取财物的,由劳动行政部门责令限期退还劳动者本人,并以每人五百元以上二千元以下的标准处以罚款;给劳动者造成损害的,应当承担赔偿责任。

劳动者依法解除或者终止劳动合同,用人单位扣押劳动者档案或者其他物品的,依照前款规定处罚。

第八十五条 用人单位有下列情形之一的,由劳动行政部门责令限期支付劳动报酬、加班费或者经济补偿;劳动报酬低于当地最低工资标准的,应当支付其差额部分;逾期不支付的,责令用人单位按应付金额百分之五十以上百分之一百以下的标准向劳动者加付赔偿金:

(一)未按照劳动合同的约定或者国家规定及时足额支付劳动者劳动报酬的;

(二)低于当地最低工资标准支付劳动者工资的;

(三)安排加班不支付加班费的;

(四)解除或者终止劳动合同,未依照本法规定向劳动者支付经济补偿的。

第八十六条 劳动合同依照本法第二十六条规定被确认无效,给对方造成损害的,有过错的一方应当承担赔偿责任。

第八十七条 用人单位违反本法规定解除或者终止劳动合同的,应当依照本法第四十七条规定的经济补偿标准的二倍向劳动者支付赔偿金。

第八十八条 用人单位有下列情形之一的,依法给予行政处罚;构成犯罪的,依法追究刑事责任;给劳动者造成损害的,应当承担赔偿责任:

（一）以暴力、威胁或者非法限制人身自由的手段强迫劳动的；

（二）违章指挥或者强令冒险作业危及劳动者人身安全的；

（三）侮辱、体罚、殴打、非法搜查或者拘禁劳动者的；

（四）劳动条件恶劣、环境污染严重，给劳动者身心健康造成严重损害的。

第八十九条 用人单位违反本法规定未向劳动者出具解除或者终止劳动合同的书面证明，由劳动行政部门责令改正；给劳动者造成损害的，应当承担赔偿责任。

第九十条 劳动者违反本法规定解除劳动合同，或者违反劳动合同中约定的保密义务或者竞业限制，给用人单位造成损失的，应当承担赔偿责任。

第九十一条 用人单位招用与其他用人单位尚未解除或者终止劳动合同的劳动者，给其他用人单位造成损失的，应当承担连带赔偿责任。

第九十二条 违反本法规定，未经许可，擅自经营劳务派遣业务的，由劳动行政部门责令停止违法行为，没收违法所得，并处违法所得一倍以上五倍以下的罚款；没有违法所得的，可以处五万元以下的罚款。

"劳务派遣单位、用工单位违反本法有关劳务派遣规定的，由劳动行政部门责令限期改正；逾期不改正的，以每人五千元以上一万元以下的标准处以罚款，对劳务派遣单位，吊销其劳务派遣业务经营许可证。用工单位给被派遣劳动者造成损害的，劳务派遣单位与用工单位承担连带赔偿责任。"

第九十三条 对不具备合法经营资格的用人单位的违法犯罪行为，依法追究法律责任；劳动者已经付出劳动的，该单位或者其出资人应当依照本法有关规定向劳动者支付劳动报酬、经济补偿、赔偿金；给劳动者造成损害的，应当承担赔偿责任。

第九十四条 个人承包经营违反本法规定招用劳动者,给劳动者造成损害的,发包的组织与个人承包经营者承担连带赔偿责任。

第九十五条 劳动行政部门和其他有关主管部门及其工作人员玩忽职守、不履行法定职责,或者违法行使职权,给劳动者或者用人单位造成损害的,应当承担赔偿责任;对直接负责的主管人员和其他直接责任人员,依法给予行政处分;构成犯罪的,依法追究刑事责任。

第八章 附则

第九十六条 事业单位与实行聘用制的工作人员订立、履行、变更、解除或者终止劳动合同,法律、行政法规或者国务院另有规定的,依照其规定;未作规定的,依照本法有关规定执行。

第九十七条 本法施行前已依法订立且在本法施行之日存续的劳动合同,继续履行;本法第十四条第二款第三项规定连续订立固定期限劳动合同的次数,自本法施行后续订固定期限劳动合同时开始计算。

本法施行前已建立劳动关系,尚未订立书面劳动合同的,应当自本法施行之日起一个月内订立。

本法施行之日存续的劳动合同在本法施行后解除或者终止,依照本法第四十六条规定应当支付经济补偿的, 经济补偿年限自本法施行之日起计算;本法施行前按照当时有关规定,用人单位应当向劳动者支付经济补偿的,按照当时有关规定执行。

第九十八条 本法自 2008 年 1 月 1 日起施行。

附录2：

中华人民共和国劳动法

主席令第二十八号

1994年7月5日第八届全国人民代表大会常务委员会第八次会议通过

第一章 总 则

第一条 为了保护劳动者的合法权益，调整劳动关系，建立和维护适应社会主义市场经济的劳动制度，促进经济发展和社会进步，根据宪法，制定本法。

第二条 在中华人民共和国境内的企业、个体经济组织（以下统称用人单位）和与之形成劳动关系的劳动者，适用本法。

国家机关、事业组织、社会团体和与之建立劳动合同关系的劳动者，依照本法执行。

第三条 劳动者享有平等就业和选择职业的权利、取得劳动报酬的权利、休息休假的权利、获得劳动安全卫生保护的权利、接受职业技能培训的权利、享受社会保险和福利的权利、提请劳动争议处理的权利以及法律规定的其他劳动权利。

劳动者应当完成劳动任务，提高职业技能，执行劳动安全卫生规程，遵守劳动纪律和职业道德。

第四条 用人单位应当依法建立和完善规章制度，保障劳动者享有劳动权利和履行劳动义务。

第五条 国家采取各种措施，促进劳动就业，发展职业教育，制定劳动标准，调节社会收入，完善社会保险，协调劳动关系，逐步提高劳动者的生活水平。

第六条 国家提倡劳动者参加社会义务劳动,开展劳动竞赛和合理化建议活动,鼓励和保护劳动者进行科学研究、技术革新和发明创造,表彰和奖励劳动模范和先进工作者。

第七条 劳动者有权依法参加和组织工会。

工会代表和维护劳动者的合法权益,依法独立自主地开展活动。

第八条 劳动者依照法律规定,通过职工大会、职工代表大会或者其他形式,参与民主管理或者就保护劳动者合法权益与用人单位进行平等协商。

第九条 国务院劳动行政部门主管全国劳动工作。

县级以上地方人民政府劳动行政部门主管本行政区域内的劳动工作。

第二章 促进就业

第十条 国家通过促进经济和社会发展,创造就业条件,扩大就业机会。

国家鼓励企业、事业组织、社会团体在法律、行政法规规定的范围内兴办产业或者拓展经营,增加就业。

国家支持劳动者自愿组织起来就业和从事个体经营实现就业。

第十一条 地方各级人民政府应当采取措施,发展多种类型的职业介绍机构,提供就业服务。

第十二条 劳动者就业,不因民族、种族、性别、宗教信仰不同而受歧视。

第十三条 妇女享有与男子平等的就业权利。在录用职工时,除国家规定的不适合妇女的工种或者岗位外,不得以性别为由拒绝录用妇女或者提高对妇女的录用标准。

第十四条 残疾人、少数民族人员、退出现役的军人的就业，法律、法规有特别规定的，从其规定。

第十五条 禁止用人单位招用未满十六周岁的未成年人。

文艺、体育和特种工艺单位招用未满十六周岁的未成年人，必须依照国家有关规定，履行审批手续，并保障其接受义务教育的权利。

第三章 劳动合同和集体合同

第十六条 劳动合同是劳动者与用人单位确立劳动关系、明确双方权利和义务的协议。

建立劳动关系应当订立劳动合同。

第十七条 订立和变更劳动合同，应当遵循平等自愿、协商一致的原则，不得违反法律、行政法规的规定。

劳动合同依法订立即具有法律约束力，当事人必须履行劳动合同规定的义务。

第十八条 下列劳动合同无效：

（一）违反法律、行政法规的劳动合同；

（二）采取欺诈、威胁等手段订立的劳动合同。

无效的劳动合同，从订立的时候起，就没有法律约束力。确认劳动合同部分无效的，如果不影响其余部分的效力，其余部分仍然有效。

劳动合同的无效，由劳动争议仲裁委员会或者人民法院确认。

第十九条 劳动合同应当以书面形式订立，并具备以下条款：

（一）劳动合同期限；

（二）工作内容；

（三）劳动保护和劳动条件；

（四）劳动报酬；

（五）劳动纪律；

（六）劳动合同终止的条件；

（七）违反劳动合同的责任。

劳动合同除前款规定的必备条款外，当事人可以协商约定其他内容。

第二十条 劳动合同的期限分为有固定期限、无固定期限和以完成一定的工作为期限。

劳动者在同一用人单位连续工作满十年以上，当事人双方同意延续劳动合同的,如果劳动者提出订立无固定期限的劳动合同,应当订立无固定期限的劳动合同。

第二十一条 劳动合同可以约定试用期。试用期最长不得超过六个月。

第二十二条 劳动合同当事人可以在劳动合同中约定保守用人单位商业秘密的有关事项。

第二十三条 劳动合同期满或者当事人约定的劳动合同终止条件出现,劳动合同即行终止。

第二十四条 经劳动合同当事人协商一致,劳动合同可以解除。

第二十五条 劳动者有下列情形之一的,用人单位可以解除劳动合同:

（一）在试用期间被证明不符合录用条件的；

（二）严重违反劳动纪律或者用人单位规章制度的；

（三）严重失职,营私舞弊,对用人单位利益造成重大损害的；

（四）被依法追究刑事责任的。

第二十六条 有下列情形之一的，用人单位可以解除劳动合同,但是应当提前三十日以书面形式通知劳动者本人:

（一）劳动者患病或者非因工负伤,医疗期满后,不能从事原工作也不能从事由用人单位另行安排的工作的;

（二）劳动者不能胜任工作,经过培训或者调整工作岗位,仍不能胜任工作的;

（三）劳动合同订立时所依据的客观情况发生重大变化,致使原劳动合同无法履行,经当事人协商不能就变更劳动合同达成协议的。

第二十七条 用人单位濒临破产进行法定整顿期间或者生产经营状况发生严重困难,确需裁减人员的,应当提前三十日向工会或者全体职工说明情况,听取工会或者职工的意见,经向劳动行政部门报告后,可以裁减人员。

用人单位依据本条规定裁减人员,在六个月内录用人员的,应当优先录用被裁减的人员。

第二十八条 用人单位依据本法第二十四条、第二十六条、第二十七条的规定解除劳动合同的,应当依照国家有关规定给予经济补偿。

第二十九条 劳动者有下列情形之一的,用人单位不得依据本法第二十六条、第二十七条的规定解除劳动合同:

（一）患职业病或者因工负伤并被确认丧失或者部分丧失劳动能力的;

（二）患病或者负伤,在规定的医疗期内的;

（三）女职工在孕期、产假、哺乳期内的;

（四）法律、行政法规规定的其他情形。

第三十条 用人单位解除劳动合同,工会认为不适当的,有权提出意见。如果用人单位违反法律、法规或者劳动合同,工会有权要求重新处理;劳动者申请仲裁或者提起诉讼的,工会应当依法给予支持和帮助。

第三十一条 劳动者解除劳动合同,应当提前三十日以书面形式通知用人单位。

第三十二条 有下列情形之一的,劳动者可以随时通知用人单位解除劳动合同:

(一)在试用期内的;

(二)用人单位以暴力、威胁或者非法限制人身自由的手段强迫劳动的;

(三)用人单位未按照劳动合同约定支付劳动报酬或者提供劳动条件的。

第三十三条 企业职工一方与企业可以就劳动报酬、工作时间、休息休假、劳动安全卫生、保险福利等事项,签订集体合同。集体合同草案应当提交职工代表大会或者全体职工讨论通过。

集体合同由工会代表职工与企业签订;没有建立工会的企业,由职工推举的代表与企业签订。

第三十四条 集体合同签订后应当报送劳动行政部门;劳动行政部门自收到集体合同文本之日起十五日内未提出异议的, 集体合同即行生效。

第三十五条 依法签订的集体合同对企业和企业全体职工具有约束力。职工个人与企业订立的劳动合同中劳动条件和劳动报酬等标准不得低于集体合同的规定。

第四章　工作时间和休息休假

第三十六条 国家实行劳动者每日工作时间不超过八小时、平均每周工作时间不超过四十四小时的工时制度。

第三十七条 对实行计件工作的劳动者,用人单位应当根据本法第三十六条规定的工时制度合理确定其劳动定额和计件报酬标准。

第三十八条 用人单位应当保证劳动者每周至少休息一日。

第三十九条 企业因生产特点不能实行本法第三十六条、第三十八条规定的,经劳动行政部门批准,可以实行其他工作和休息办法。

第四十条 用人单位在下列节日期间应当依法安排劳动者休假:

(一)元旦;

(二)春节;

(三)国际劳动节;

(四)国庆节;

(五)法律、法规规定的其他休假节日。

第四十一条 用人单位由于生产经营需要,经与工会和劳动者协商后可以延长工作时间,一般每日不得超过一小时;因特殊原因需要延长工作时间的,在保障劳动者身体健康的条件下延长工作时间每日不得超过三小时,但是每月不得超过三十六小时。

第四十二条 有下列情形之一的,延长工作时间不受本法第四十一条规定的限制:

(一)发生自然灾害、事故或者因其他原因,威胁劳动者生命健康和财产安全,需要紧急处理的;

(二)生产设备、交通运输线路、公共设施发生故障,影响生产和公众利益,必须及时抢修的;

(三)法律、行政法规规定的其他情形。

第四十三条 用人单位不得违反本法规定延长劳动者的工作时间。

第四十四条 有下列情形之一的,用人单位应当按照下列标准支付高于劳动者正常工作时间工资的工资报酬:

(一)安排劳动者延长工作时间的,支付不低于工资的百分之一百五十的工资报酬;

(二)休息日安排劳动者工作又不能安排补休的,支付不低于工资的百分之二百的工资报酬；

（三）法定休假日安排劳动者工作的，支付不低于工资的百分之三百的工资报酬。

第四十五条 国家实行带薪年休假制度。

劳动者连续工作一年以上的，享受带薪年休假。具体办法由国务院规定。

第五章 工 资

第四十六条 工资分配应当遵循按劳分配原则，实行同工同酬。

工资水平在经济发展的基础上逐步提高。国家对工资总量实行宏观调控。

第四十七条 用人单位根据本单位的生产经营特点和经济效益，依法自主确定本单位的工资分配方式和工资水平。

第四十八条 国家实行最低工资保障制度。最低工资的具体标准由省、自治区、直辖市人民政府规定，报国务院备案。

用人单位支付劳动者的工资不得低于当地最低工资标准。

第四十九条 确定和调整最低工资标准应当综合参考下列因素：

（一）劳动者本人及平均赡养人口的最低生活费用；

（二）社会平均工资水平；

（三）劳动生产率；

（四）就业状况；

（五）地区之间经济发展水平的差异。

第五十条 工资应当以货币形式按月支付给劳动者本人。不得克扣或者无故拖欠劳动者的工资。

第五十一条 劳动者在法定休假日和婚丧假期间以及依法参加社

会活动期间,用人单位应当依法支付工资。

第六章 劳动安全卫生

第五十二条 用人单位必须建立、健全劳动安全卫生制度,严格执行国家劳动安全卫生规程和标准,对劳动者进行劳动安全卫生教育,防止劳动过程中的事故,减少职业危害。

第五十三条 劳动安全卫生设施必须符合国家规定的标准。

新建、改建、扩建工程的劳动安全卫生设施必须与主体工程同时设计、同时施工、同时投入生产和使用。

第五十四条 用人单位必须为劳动者提供符合国家规定的劳动安全卫生条件和必要的劳动防护用品,对从事有职业危害作业的劳动者应当定期进行健康检查。

第五十五条 从事特种作业的劳动者必须经过专门培训并取得特种作业资格。

第五十六条 劳动者在劳动过程中必须严格遵守安全操作规程。

劳动者对用人单位管理人员违章指挥、强令冒险作业,有权拒绝执行;对危害生命安全和身体健康的行为,有权提出批评、检举和控告。

第五十七条 国家建立伤亡事故和职业病统计报告和处理制度。县级以上各级人民政府劳动行政部门、有关部门和用人单位应当依法对劳动者在劳动过程中发生的伤亡事故和劳动者的职业病状况,进行统计、报告和处理。

第七章 女职工和未成年工特殊保护

第五十八条 国家对女职工和未成年工实行特殊劳动保护。

未成年工是指年满十六周岁未满十八周岁的劳动者。

第五十九条 禁止安排女职工从事矿山井下、国家规定的第四级体力劳动强度的劳动和其他禁忌从事的劳动。

第六十条 不得安排女职工在经期从事高处、低温、冷水作业和国家规定的第三级体力劳动强度的劳动。

第六十一条 不得安排女职工在怀孕期间从事国家规定的第三级体力劳动强度的劳动和孕期禁忌从事的活动。对怀孕七个月以上的女职工,不得安排其延长工作时间和夜班劳动。

第六十二条 女职工生育享受不少于九十天的产假。

第六十三条 不得安排女职工在哺乳未满一周岁的婴儿期间从事国家规定的第三级体力劳动强度的劳动和哺乳期禁忌从事的其他劳动,不得安排其延长工作时间和夜班劳动。

第六十四条 不得安排未成年工从事矿山井下、有毒有害、国家规定的第四级体力劳动强度的劳动和其他禁忌从事的劳动。

第六十五条 用人单位应当对未成年工定期进行健康检查。

第八章　职业培训

第六十六条 国家通过各种途径,采取各种措施,发展职业培训事业,开发劳动者的职业技能,提高劳动者素质,增强劳动者的就业能力和工作能力。

第六十七条 各级人民政府应当把发展职业培训纳入社会经济发展的规划,鼓励和支持有条件的企业、事业组织、社会团体和个人进行各种形式的职业培训。

第六十八条 用人单位应当建立职业培训制度, 按照国家规定提取和使用职业培训经费,根据本单位实际,有计划地对劳动者进行职业培训。

从事技术工种的劳动者,上岗前必须经过培训。

第六十九条 国家确定职业分类,对规定的职业制定职业技能标准,实行职业资格证书制度,由经过政府批准的考核鉴定机构负责对劳动者实施职业技能考核鉴定。

第九章 社会保险和福利

第七十条 国家发展社会保险事业,建立社会保险制度,设立社会保险基金,使劳动者在年老、患病、工伤、失业、生育等情况下获得帮助和补偿。

第七十一条 社会保险水平应当与社会经济发展水平和社会承受能力相适应。

第七十二条 社会保险基金按照保险类型确定资金来源,逐步实行社会统筹。用人单位和劳动者必须依法参加社会保险,缴纳社会保险费。

第七十三条 劳动者在下列情形下,依法享受社会保险待遇:

(一)退休;

(二)患病、负伤;

(三)因工伤残或者患职业病;

(四)失业;

(五)生育。

劳动者死亡后,其遗属依法享受遗属津贴。

劳动者享受社会保险待遇的条件和标准由法律、法规规定。

劳动者享受的社会保险金必须按时足额支付。

第七十四条 社会保险基金经办机构依照法律规定收支、管理和运营社会保险基金,并负有使社会保险基金保值增值的责任。

社会保险基金监督机构依照法律规定,对社会保险基金的收支、管理和运营实施监督。

社会保险基金经办机构和社会保险基金监督机构的设立和职能由法律规定。

任何组织和个人不得挪用社会保险基金。

第七十五条 国家鼓励用人单位根据本单位实际情况为劳动者建立补充保险。

国家提倡劳动者个人进行储蓄性保险。

第七十六条 国家发展社会福利事业,兴建公共福利设施,为劳动者休息、休养和疗养提供条件。

用人单位应当创造条件,改善集体福利,提高劳动者的福利待遇。

第十章 劳动争议

第七十七条 用人单位与劳动者发生劳动争议,当事人可以依法申请调解、仲裁、提起诉讼,也可以协商解决。

调解原则适用于仲裁和诉讼程序。

第七十八条 解决劳动争议,应当根据合法、公正、及时处理的原则,依法维护劳动争议当事人的合法权益。

第七十九条 劳动争议发生后,当事人可以向本单位劳动争议调解委员会申请调解;调解不成,当事人一方要求仲裁的,可以向劳动争议仲裁委员会申请仲裁。当事人一方也可以直接向劳动争议仲裁委员会申请仲裁。对仲裁裁决不服的,可以向人民法院提起诉讼。

第八十条 在用人单位内,可以设立劳动争议调解委员会。劳动争议调解委员会由职工代表、用人单位代表和工会代表组成。劳动争议调解委员会主任由工会代表担任。

劳动争议经调解达成协议的,当事人应当履行。

第八十一条 劳动争议仲裁委员会由劳动行政部门代表、同级工会代表、用人单位方面的代表组成。劳动争议仲裁委员会主任由劳动行政部门代表担任。

第八十二条 提出仲裁要求的一方应当自劳动争议发生之日起六十日内向劳动争议仲裁委员会提出书面申请。仲裁裁决一般应在收到仲裁申请的六十日内作出。对仲裁裁决无异议的,当事人必须履行。

第八十三条 劳动争议当事人对仲裁裁决不服的,可以自收到仲裁裁决书之日起十五日内向人民法院提起诉讼。一方当事人在法定期限内不起诉又不履行仲裁裁决的,另一方当事人可以申请人民法院强制执行。

第八十四条 因签订集体合同发生争议,当事人协商解决不成的,当地人民政府劳动行政部门可以组织有关各方协调处理。

因履行集体合同发生争议,当事人协商解决不成的,可以向劳动争议仲裁委员会申请仲裁;对仲裁裁决不服的,可以自收到仲裁裁决书之日起十五日内向人民法院提起诉讼。

第十一章 监督检查

第八十五条 县级以上各级人民政府劳动行政部门依法对用人单位遵守劳动法律、法规的情况进行监督检查,对违反劳动法律、法规的行为有权制止,并责令改正。

第八十六条 县级以上各级人民政府劳动行政部门监督检查人员执行公务,有权进入用人单位了解执行劳动法律、法规的情况,查阅必要的资料,并对劳动场所进行检查。

县级以上各级人民政府劳动行政部门监督检查人员执行公务,必须出示证件,秉公执法并遵守有关规定。

第八十七条 县级以上各级人民政府有关部门在各自职责范围内,对用人单位遵守劳动法律、法规的情况进行监督。

第八十八条 各级工会依法维护劳动者的合法权益,对用人单位遵守劳动法律、法规的情况进行监督。

任何组织和个人对于违反劳动法律、法规的行为有权检举和控告。

第十二章 法律责任

第八十九条 用人单位制定的劳动规章制度违反法律、法规规定的,由劳动行政部门给予警告,责令改正;对劳动者造成损害的,应当承担赔偿责任。

第九十条 用人单位违反本法规定,延长劳动者工作时间的,由劳动行政部门给予警告,责令改正,并可以处以罚款。

第九十一条 用人单位有下列侵害劳动者合法权益情形之一的,由劳动行政部门责令支付劳动者的工资报酬、经济补偿,并可以责令支付赔偿金:

(一)克扣或者无故拖欠劳动者工资的;

(二)拒不支付劳动者延长工作时间工资报酬的;

(三)低于当地最低工资标准支付劳动者工资的;

(四)解除劳动合同后,未依照本法规定给予劳动者经济补偿的。

第九十二条 用人单位的劳动安全设施和劳动卫生条件不符合国家规定或者未向劳动者提供必要的劳动防护用品和劳动保护设施的,由劳动行政部门或者有关部门责令改正,可以处以罚款;情节严重的,提请县级以上人民政府决定责令停产整顿;对事故隐患不采取措施,致使发生重大事故,造成劳动者生命和财产损失的,对责任人员比照刑法第一百八十七条的规定追究刑事责任。

第九十三条 用人单位强令劳动者违章冒险作业,发生重大伤亡事故,造成严重后果的,对责任人员依法追究刑事责任。

第九十四条 用人单位非法招用未满十六周岁的未成年人的,由劳动行政部门责令改正,处以罚款;情节严重的,由工商行政管理部门吊销营业执照。

第九十五条 用人单位违反本法对女职工和未成年工的保护规定,侵害其合法权益的,由劳动行政部门责令改正,处以罚款;对女职工或者未成年工造成损害的,应当承担赔偿责任。

第九十六条 用人单位有下列行为之一,由公安机关对责任人员处以十五日以下拘留、罚款或者警告;构成犯罪的,对责任人员依法追究刑事责任:

(一)以暴力、威胁或者非法限制人身自由的手段强迫劳动的;

(二)侮辱、体罚、殴打、非法搜查和拘禁劳动者的。

第九十七条 由于用人单位的原因订立的无效合同,对劳动者造成损害的,应当承担赔偿责任。

第九十八条 用人单位违反本法规定的条件解除劳动合同或者故意拖延不订立劳动合同的,由劳动行政部门责令改正;对劳动者造成损害的,应当承担赔偿责任。

第九十九条 用人单位招用尚未解除劳动合同的劳动者,对原用人单位造成经济损失的,该用人单位应当依法承担连带赔偿责任。

第一百条 用人单位无故不缴纳社会保险费的,由劳动行政部门责令其限期缴纳;逾期不缴的,可以加收滞纳金。

第一百零一条 用人单位无理阻挠劳动行政部门、有关部门及其工作人员行使监督检查权,打击报复举报人员的,由劳动行政部门或者有关部门处以罚款;构成犯罪的,对责任人员依法追究刑事责任。

第一百零二条 劳动者违反本法规定的条件解除劳动合同或者违反劳动合同中约定的保密事项,对用人单位造成经济损失的,应当依法承担赔偿责任。

第一百零三条 劳动行政部门或者有关部门的工作人员滥用职权、玩忽职守、徇私舞弊,构成犯罪的,依法追究刑事责任;不构成犯罪的,给予行政处分。

第一百零四条 国家工作人员和社会保险基金经办机构的工作人员挪用社会保险基金,构成犯罪的,依法追究刑事责任。

第一百零五条 违反本法规定侵害劳动者合法权益,其他法律、行政法规已规定处罚的,依照该法律、行政法规的规定处罚。

第十三章 附 则

第一百零六条 省、自治区、直辖市人民政府根据本法和本地区的实际情况,规定劳动合同制度的实施步骤,报国务院备案。

第一百零七条 本法自 1995 年 1 月 1 日起施行。